$\dfrac{32}{32}$分之 的奇蹟

林文虎 著

班上的每個孩子都可以是資優生

林文虎老師的課堂奇蹟

suncolor
三采文化

讓教室中有真正的學習

台北市教育局局長　丁亞雯

　　認識文虎已超過十年，這些年來，看到他投入家長會、擔任臺北市國中家長聯合會會長的活力，接著看到他對教學現場的越來越了解，看到他就多元價值與多元能力適性發展生動有力的闡述，嘗試能引導固著的家長們改變觀念與態度。近年來，更不辭辛苦的奔波於全國不同學校，熱心的與老師「說說一個老師該如何上好每一堂課！說說怎麼讓孩子喜歡每一堂課、怎麼能讓孩子每一堂課都能全心投入學習！如何能在每一堂課中都能讓孩子不斷的動腦筋思考、能讓孩子樂於分享吧！」

　　我知道他是一位好講者，知道他充滿熱情的相信改變想法與方法，可以有效的幫助孩子學習、幫助老師教得更好。更重要的，他是一位天生的說故事人，各種教學理論，他能深入淺出的以最淺顯的白話點透，讓老師豁然而通。

　　這些亮透的機言妙辭在他的書中處處可見，例如：

　　「只是好好教書，不小心就教出一堆古人。」

　　「失去教科書，教學才開始有生機。」

　　「當學生學習成效不彰時，老師或家長總是輕易的歸責學生：『不用功、天資差』，這些原因也模糊了教師的教學責任。」「什麼是老師的教學責任？回歸教學現場、回到每一個

教學的細節才重要。」「教師不要只是一直教，學生一定要自己學。老師要忍住不教，只要教與學的方法對了，讓學生成為老師。」

文虎將他的實踐經驗寫成這本教師操作手冊，他問老師：「身為教師，你知道自己教學的盲點嗎，你有機會讓同儕觀摩嗎，願意進班觀察自己的教學嗎？」

他不僅說給老師聽，更「撩落去」，做給老師看。怎麼樣是「很強的反思、翻轉、提問、重建教材、文章解構與分組討論的提問設計（老師得先運用系統結構與解構的方法去分析教材、落實深度備課）、教師學會提問，讓學生自己想出答案來，通過協作學習，讓學生去帶學生。」

「老師要花時間備課，課前好一段日子就要花時間下工夫、系統化的歸納教材，從教材中整理出幾個簡單的核心概念。我通常認為一堂課如果教授超過三個核心概念就算太多了。核心概念清楚，教學者會更勇於、敢於取捨教材，教材中瑣碎的枝枝節節變得不太重要，反而能好好消化教材的策略與方法，好抓出教學重點。」

文虎讓教室中有真正的學習，這本是每一個教育工作者的初心，可我們都知道 WHY，文虎試著讓老師知道 HOW and WHAT，具體呈現了 Simon Sinek 的 Golden Circle。

一位教改領航者兼力行者的深耕之旅

臺東大學退休教師 · 課程與教學專家　汪履維

　　很高興文虎兄又要出新書了。這本書裡所記錄的，是他近幾年上山下海，在臺灣各地的中小學「勤耕」與「深耕」教學革新的點滴與心得。因為是一步一腳印、踏踏實實踩出來的實地體驗，更加彌足珍貴！

　　透過書中的描述，我們清楚的看到：即便在一般人眼中偏遠、弱勢地區的中、小學裡，只要有心，又用對了方法，激發每個孩子學習的熱情，把每個孩子都帶上來，並不是做不到的事。

　　多年在教育的基層行走，我常常會面對慨嘆孩子「不學」的家長、老師與行政人員。可是跟那些他們口中「學不會」、「不想學」的孩子相處的經驗，卻讓我歸納出以下的心得：

　　這些孩子不是學不會，他們只是不想學；

　　他們其實又不是真的不想學，只是不想學那些「我們想教他們的」；

　　他們其實也不是真的不想學那些我們想教他們的，只是不打算「按照我們要求他們的方法和步調」來學罷了；

　　對於許多「考試不考」或是「父母師長不教」，但卻是他

們「有興趣」的題材，他們可是學得很快、很來勁兒呢！

如果我們能協助學生找出學習的意義，並給他們一些空間，讓他們發展出自己的方法與節奏來學習，每個孩子都有機會可以學得很積極，也都可以學得很有成效！

而學生的學習潛能一旦被激發出來之後，他們往往都會有讓人驚豔的表現。

讀了文虎兄這些帶領師生突破學習困境的成就，讓我想起自己先前的一段經驗，忍不住也想提出來分享，做為師生共同創造學習高峰經驗的一個註腳。

記得多年前我還在大學的附小服務的時候，有一段時間資源班的學生上課常遲到，頗讓任教的老師感到頭痛。一部分的小朋友會「忘記」要到資源班上課，或在從原班級到資源班的路上磨蹭很久，害老師得要四處尋人。我們分析可能的原因，應該不是資源班的老師太兇，或是在資源班得不到重視。因為資源班是小班上課，而且老師都「超和藹可親」。比較可能的原因，是學生對資源班的學習內容興趣不高。因為當年參與資源班的學生，多半都是在班級內課業學習成就有落差、跟不上進度的孩子。資源班老師的目標是希望透過資源班學習的協助，讓孩子有一天能回歸原班級上課，而不是一直留在資源班。

在這樣的前提下，老師多半是根據學生原班級的教學內容及進度進行「追趕」與補救；而老師的基本假定，則至少有相當程度是認為：學生的學習落後，是由於他們基礎較弱及練習不足所致，因此所採取的策略，常偏向於增加反覆練習的機會，以幫助學生熟練學習的內容。這樣的學習相對單調，而且

帶來的成就感不高，或許就是讓學生意興闌珊的理由。

順著這樣的推論，我們決定改變我們的基本假定，並引進哈佛大學教授葛德納（Howard Gardner）的多元智能理論（Theory of Multiple Intelligences），試著從發現並發展學生的優勢智能入手，而不再專注在補救學生的弱勢學能上。我們也跟導師商量，不再盯著學生原班級的進度及作業一直追趕，而是為學生另外設計適合他們的教材與學習任務，幫助學生增加學習的意義度，及拓展學習的深度。

這樣的著眼點，給了資源班老師比較大的空間來發揮，他們也有鬆了一口氣的感覺。另一方面，我們也著手充實資源班的教學設施，讓學生來到資源班時，有更多可以自主探索的媒材。

（最近國內有許多縣市、學校和老師積極引進日本東京大學佐藤學教授所提倡的「學習共同體」。佐藤教授基於三十餘年在教育現場推動學習共同體的經驗，也指出：許多人往往認為學生如果「基礎學力」不足，就無法進行進階的學習，因此不斷的降低要求層次，讓學生反覆進行基本練習，但是學生反而感覺自己被看輕、被放棄，因而感到挫折；正確的做法應該是要相信每位學生都有意願與能力來進行深度的學習，重視「伸展跳躍的學習」，並用「發展學力」來帶動「基礎學力」的成長。這樣的主張跟我們當時的想法似有異曲同工之處。）

很高興，我們得到的迴響是令人振奮的。小朋友不但逐漸不再遲到，多數孩子反而一下課就會提前來資源班教室；來到教室之後，也不再是垮著臉呆坐著等待老師上課，而是迫不及待的從書架上抽出喜愛的繪本，趴在地板上讀起來了，常常還

會彼此共讀與分享呢！誰說這些孩子不想學習、不會學習、不愛讀書呢？他們只是沒有找到適合自己的節奏與場域罷了！

不僅如此，一旦學生的學習熱情被挑動起來，他們的學習成就也提升了。我指的不光是考試成績，更重要的是「解決問題」及「生活應用」的意願與能力。因為老師對學習任務性質的想法改變了，我們開始跳出課本教材的框架，為學生設計一些具有真實性、整合性的學習活動，來創造一些不一樣的學習經驗。

其中一個例子是讓學生製作沙拉三明治來分享。學生在老師的引導下，自己決定邀請的對象、規劃食材的項目、估計食材及文具紙張的分量、寫成採購單、算出所需的經費、並在老師的陪同指導下實際進行採購。回校之後，幾位小朋友通力合作，一面製作及分送邀請卡，邀請來賓屆時共襄盛舉；一面參考一般食譜的格式，寫下自己設計的食譜，一起以合乎衛生原則的方法處理食材，親手製成可口又美觀的三明治。來賓到場時，要負責接待與解說；活動結束後，合力收拾場地器材，還各自記下並分享心得與省思。

這次教學活動花費的金錢和時間其實並不算多，但學生要讀、要寫、要算、要畫、要聽、要說、要想、要做、要表現合宜的應對；過程中需要用到語文（包括英語，因為學生都喜歡在邀請卡中秀一點英文）、數學、自然與生活科技、社會、藝術與人文、健康與體育、綜合活動等九年一貫課程七大學習領域所要教導的能力與內容，沒有一項遺落，而且多半比課本上平時所要求的還要複雜，然而小朋友們都順利達成使命。小朋友看到來賓和師長們品嘗著自己費心做成的三明治，而且還讚

不絕口時，臉上的笑容和自豪的表情，讓人難以忘懷；而師長們也深受感動，對這些平日學習弱勢孩子的表現，刮目相看，津津樂道。

同樣榮耀的心情，同樣自豪的表情，在文虎兄書裡對這些學生和老師的描述中，一再重現。我曾經在一所學校的幾位學生臉上看到的，文虎兄則是把它帶到台灣各個不同偏鄉弱勢地區的中小學教室裡，讓它在那裡生根茁壯！真令人忍不住要大聲叫好！

文虎兄能創造這種學習熱情的法寶之一，就在於能以簡明精準的教材分析及活潑易行的教學活動，讓學習「有效」卻「沒有負擔」。在本書中，他揭露了其中部分精髓，分別以國語文、數學、社會、自然科學及跨領域統整的案例，具體說明我們可以做些什麼，來讓精緻的學習在輕鬆活潑又有趣的參與過程中，自然產生。

這樣的學習過程，我是曾經親歷其境的，可以做個見證：他真的一點也沒有吹牛！

在書中的第一篇提到他和楊老師初次邂逅的那次研習，我也在場。當天他就在現場帶著全體參與的夥伴（包括幾位研習老師所帶來的小朋友），實地演示如何在一節課內讀懂和記熟〈慈烏夜啼〉這首詩（在本書第三篇中有本詩的教學分析解說）。他的做法在科班出身的國文老師看來，或許有些「另類」，不過那一天我們在場的大、小朋友在他的引導下，沒花很多的時間就都學會了，而且「不知不覺」就記住了！確實很「神奇」！

文虎兄的專業背景是「理工」的領域，所以如果他在數學

或自然與生活科技的領域中有獨到的本領，我不會覺得很驚訝，但他連國語文和社會領域也都能「通吃」，而且還做到連許多本科的老師都不易做到的地步，就有一點「太誇張」了！令人不得不佩服，也值得學習！

他還有另一項絕活，就是能隨時進到一間教室，就跟你一起教教看。我經常聽到很多老師說，他進到他們的教室，先請他們教半節課，讓他在後面觀察，到了後半節，他就接手繼續教下去。奇妙的是，不論是在國中，還是在國小，學生被他一「撩撥」，學習的表現就如脫胎換骨一般。

去年夏天，我應邀參與一項教師甄試入闈的工作。考試開始之後，闈場的工作其實已告一段落，大家就三三兩兩坐著聊天。我在忙著一些電腦上的工作，偶然聽到臨近一群擔任「試考」任務的年輕老師在交換他們的教學經驗與心得。其中一位女老師曾經參與過文虎兄的現場觀課、演示與議課，眉飛色舞的向其他幾位夥伴描述她所看到的情形，並大力推薦他們有機會一定要親自體驗一下。看她的表情、聽她的用辭，可以感受到她是真的佩服到「五體投地」。他們並不知道我認識文虎兄，也不知道我在旁「偷聽」，所以一定不是言不由衷的表面客套，而是實實在在的肺腑之言。要讓現在的年輕人信服和珍惜，並不容易，可見文虎兄的功力，真正「不是蓋的」。

還想要更深入了解一下文虎兄的本事嗎？想要分享他勤走基層所累積的寶貴心得嗎？想要吸收一些從經驗中淬鍊出來的忠告嗎？套句盛竹如大主播的名言：「那就讓我們繼續看下去……」

（本文作者為臺東大學退休教師，專長課程與教學及師資培育。
曾任台東大學附設實驗國民小學校長、台東縣政府教育處處長）

台灣版的自由寫手

國家教育院院長　柯華葳

　　讀完林文虎老師「32 分之 32，一個都不少」的第一篇，心想，這就是台灣版的自由寫手（Freedom Writer）或是雷夫老師的 56 號教室。場景雖不一樣，但故事類似：執著的老師帶著一班不喜歡讀書的學生，想辦法幫助他們以學習為有趣的事，學生成績果真變好。更重要的是，學生看到自己學習的潛力，要求繼續升學。

　　本書第一篇就很吸引人，林老師說故事的能力不在話下，但是他歸納出來的「撇步」，是書中精華。三不五時出現的「專欄」，我建議必讀，其中有教學概念的溝通和方法的傳遞。有一句話，「教育不能有也不該有曠古絕今的新奇點子。……只要和昨天有一點點不同的做法，就成了今天的創新。不斷修正才是創新的精義」，這是經驗與反省。書中可以讀到協同教學、分組，也似乎有學習共同體的影子，但作者強調的是，聚焦教學現場，不須太多理論佐證，注意學生眼光中流露出的眼神，就知道教法上是否要改變、不斷修正。

　　沒錯，唯有因應學生學習狀況不斷修正教學，才是以學生為中心，而能帶出學習上的改變。如文虎老師所說，「就算是真理，也要從學生口中說出，才是學生自己的東西」，這就是所謂的「學到」。

　　這本書有故事、有方法。書中的實例可以說服老師立志以帶起每一位孩子為目標。而書中的方法則幫助老師安心的教學，達成一個都不少的目標。

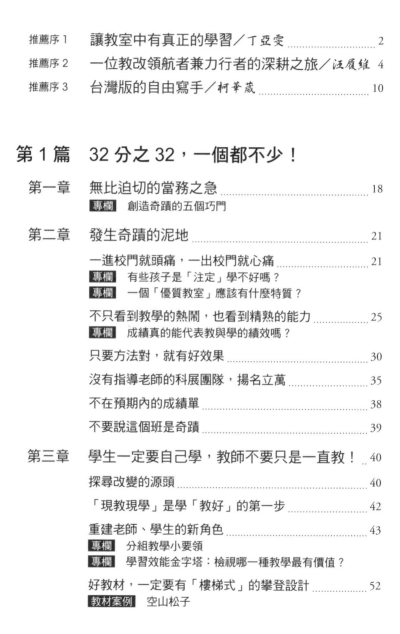

第 3 篇　你的教材決定你的教學

第 1 篇

32 分之 32，
一個都不少！

　　教育，能不能讓就算出生的社經背景較弱勢的孩子，也有「翻身」的機會？

　　對那一群不知何故就是厭惡學習的孩子，教育還能夠親近他們嗎？

　　對那一群只能陪著公子讀書、學習欠佳的孩子，能有好方法來翻轉他們的學習嗎？

　　對於精疲力竭或有心無力的老師，能有改變教學的好方法嗎？對焦慮無助，求助無門的父母，能有起死回生的學習嗎？教與學能創造出一些傳統上做不到的奇蹟嗎？

　　一個擁有 32 個孩子的班級，能真的教好 32 個孩子嗎？能不能在這樣的奇蹟似的小故事中找到訣竅？找出創造奇蹟的方法，讓遍地都長出「不該是奇蹟」的奇蹟；讓絕大多數的「不可能」都變成可能！

第一章 無比迫切的當務之急

　　就從這真實發生過的故事說起吧！故事原就不止一個，當然也不會只發生在一個地方。教育的好事本就該發生在任何年代，任何學校或任何人身上。所以，請不要計較這是哪所學校、哪個班級，或哪個孩子的故事，只要有大決心、好方法，加上劍及履及的行動，一個靠著「找到好的學習方法」去翻轉「傳統上不可能」的故事，一定有機會發生在任何地方、任何角落、任何一個家庭和任何一個孩子身上！

　　任何一個世代，教育或教學，都一樣有沉重的包袱得揹、有沉重的責任該扛！從這樣一個到處都有的典型部落或村落，不難看清楚這包袱或責任的沉重！就看這個在很深很深山區的村落吧！那裡有個漂亮的名稱，有一座漂亮的彩虹橋，在那個偏遠山區，一位才五十出頭滿臉風霜的阿公，光從走路的姿態就看得出他的老態。五十多歲的年紀本不該看得出老，但「生活」這個化妝師就這麼神通廣大的將他變老了！

　　那天阿公對著全校人數不滿百人的校長說：「我也很想讓我孫女上學，可是我沒有錢。」、「家裡那麼多口人要養，兒子、媳婦都沒有工作，我要養 11 個人耶！不然我能怎麼辦？」

　　上一代很不優質的教育犧牲了阿公的孩子，等阿公的孩子長大成人了，同樣失去競爭力，再度無奈的又一次輪迴，這次犧牲了阿公的孫子！在一群不具競爭力的大人所組成的弱勢地

區中，孩子的視野、成長的企圖心很難不被框限住呀！

　　所以當這個弱勢地區的老師問孩子：「小朋友，你們長大以後要做什麼？」時，小女孩會說：「我要當檳榔西施。因為檳榔西施都穿得很漂亮。」小男孩也會說：「我要騎摩托車跑來跑去，因為騎摩托車很神氣，很好玩！」

　　看來馬路上呼嘯奔馳的機車少年、花枝招展的檳榔西施，的確吸引了這些孩子。反而是，最有機會翻轉孩子人生的教室卻一直沒能收攝這些孩子的注意力。所以一年一年過去了，這裡的教室也就只能培養出一群騎著機車到處遊蕩的追風少年，和一群蜂飛蝶舞的檳榔西施。教這山村如何能不沉淪！

　　事實上，沉淪也不只發生在偏遠山區，就算是繁華的都會，還是有不少位在底層的困頓角落，這些角落的孩子也好不到哪裡去！甚至連繁華的都會核心地區，校內校外光鮮亮麗的外表下，還不是充斥一落一落「失去學習」的孩子！這幾乎是多年來習以為常的常態了。傳統的學校、教育或學習一直沒準備好面對每一個年代的「下一代」！當國家人口眾多，每個家庭都還有五、六個下一代可以揮霍時，有些「下一代」似乎真的是可以犧牲的，那時期的社會似乎也承擔了下來！

　　終於，這個國家的年輕人不想生養兒女了，孩子快速少了，社會更快速的老了。一轉眼整個社會將會有超過百分之20都是老人時，每個家庭也都只剩下不到一個孩子可以依靠時，揮霍孩子的本錢一夕殆盡。看來，這個年代的孩子，無論是在偏遠山區或是都會核心，他們學習、成長的命運，都非翻轉不可！在這一個世代，尋找一個可以成就「每一個」孩子的教學新方法，創造一個個理所當然必須出現的「奇蹟」，已經

是無比迫切的當務之急。

在一個孩子少了，社區老化與弱勢的地方，找到學習的新方法，是讓整個社區能「翻身」或「存續」最根本的方法。

專欄

創造奇蹟的五個巧門

▶一個中心

以孩子為中心。

▶二個場域

「課室內的鍛鍊」與「課室外的探索」一樣重要。

▶三個原則

「有趣、有效、系統統整」是每一堂教學都該兼顧的基本原則。

▶四個目標

每一堂的教與學，都得念茲在茲的讓孩子達到「能說、能寫、能想、能做」四個目標。

▶五個要領

深度解構教材、設計專屬教材、從連結生活經驗開始、「極簡化」的提問引導、階梯式的精熟安排。每位教學者都該在這五項要領下工夫。

第二章 ▶ # 發生奇蹟的泥地

一進校門就頭痛，一出校門就心痛

　　飛機沿著台灣海岸南飛，近五十分鐘的航程後，從窗外望去，可見左邊一望無際的藍海，和右邊奇峰堆疊的綠色高山。飛機迴身下降，俯瞰之下，躍進眼簾的是一城近乎白的建築，一面面白牆的建築和一畦一畦圈圍起來的綠色田園，組合成一個亮麗的小城。但是，離開機場仔細看：其實多數建築的牆也不全然都是白，田園也不全然都綠，「白色的小城」原來是此地最耀人眼睛的陽光所映出來的一幕錯覺！這錯覺和我隨後在此地看到的教育現場像極了！

　　我要去的學校在市郊。走過緊鄰海岸、行道樹既密且漂亮的濱海大道，輕輕轉過幾個彎，就轉進這一所國中校園，大門內外一排一排高聳的樹木，從教室中遠眺還能看到海面波影的教室。走進教室，校舍與設備看來卻都已經陳舊。上課時，學生端坐者有之、伏趴者有之，總之教室內、外，都安靜得出奇！一旦再仔細觀察，不難發現不少孩子早已人在心不在，就只是坐在那兒，就只是乖而已，還真是乖得教人心疼！可是和老師們聊聊又會發現，這表象的背後，孩子也常不乖得讓人煩心呢！

　　長年以來，台灣邊陲的教育品質一直欠佳。一般說來，學

生的學習表現相較都會學生確實差距甚大，許多學生的學習成就（例如：國中基測成績等）甚至不到都會學生的一半。這事實，不論是官員、老師、家長都能找到很多理由解釋，經常聽到的解釋無非就是：這裡生活步調較緩慢、文化刺激薄弱、教育資源較缺乏……林林總總都是說來輕鬆的理由，卻很少再能聽到該有什麼有效的改善作法，或該承擔起什麼責任等等積極些的說法了！（這裡該澄清一下，是否真的有些孩子是注定學不好？）

專欄

有些孩子是「注定」學不好嗎？

事實上，除非是特殊的孩子，否則一般來說，每一個孩子的先天資質都不該是學習的障礙，這可以從嬰兒學習這件事找到道理。想想嬰兒吧！幾乎沒有哪一個嬰兒學不來爬、學不來走、學不來說話！「爬、走、說話」這些看似容易的動作，生理運作的機轉可比學校學習的功課要複雜許多，但娃兒不必別人刻意的教，光看、光自己練習就看會、練會了！順著這個理，進入學校學習的是更成熟的孩子，實在沒有理由說他們真的學不好！

所以，排除了孩子自身的因素，學不好的關鍵應該就要歸咎到大人身上了，不論是成長情境或是教學做法，不都是大人經營的嗎？歸結說來，「孩子學不好」應是大人一直沒能找到激發孩子的學習動力，沒能找到教會他們的方法罷了。

　　我要拜訪的這所學校的這個班級，是個典型「理當弱勢」的弱勢班級，其實不管是台灣哪個地區，都不乏這樣的弱勢班級。可是最大的不同是，這個班級在短短一年之間竟然「翻身」了！因為一個機緣而誘發了這個班的導師，她又觸動幾個老師的教學轉變，這幾個老師的教學轉變竟然創造出這個班級的翻轉，最後還神奇的影響同年級的其他班級。短短一年的時間，各個班級也都或深或淺的「與眾不同」了起來。

　　這個班是個擁有 32 個孩子、不算小的「常態班」，這學校因為處於當地唯二的兩所強勢學校邊緣，經營條件也頗為困難。不少較優勢的家庭早早都將孩子轉往鄰校就讀；較不關心孩子的家庭、條件較差、轉不動的學生才留了下來。這樣被一篩再篩的班級，在台灣很多地區都可見到，也都很自然的形成讓學校更加弱勢的「弱勢」現況。在這一類學校裡，認真的老師光應付學生的生活常規與生活輔導就足以心神耗盡，想要創造學生的學習成就簡直是奢望。

　　這所學校的每個年級有六、七個班級，這個班級有 32 個孩子，三分之一的學生雖然成績不出色，但至少還算能正常的完成小學學習；另三分之一學生的小學階段看來過得很恍惚，恐怕從來都沒完成過什麼像樣的作業，所以讀寫能力還真是不佳；最後三分之一的學生雖然也能唸出一段短短的簡單文字，卻幾乎完全不明其意，上課時恐怕連老師講的話都未必聽得明白，就更談不上讀寫能力了。這一群在學習上無所事事的孩子，一整天都得待在學校生活，如果不偶爾小小搗亂一下或做點小壞事，還真不知道他們日子要怎麼過？

　　當學校管理稍一鬆懈或學生躁動起來，孩子們就難免不自

覺的鬧起事來，老師在訓導處與警察局之間疲於奔命，教學效果自然烏鴉鴉。所以多年來，老師的心力都用在維持上課與學校秩序，幾乎只能一心盼望孩子能平平安安過完這三年。換言之，只要乖與安靜就好，就算實在什麼也沒學到，也管不了許多！這個班的老師原來也是那種積極、負責、疲於奔命的老師，所以常常一踏進校門就焦慮頭痛，正如她所說：「幾乎每天一走進校園就頭痛；一離開學校就心痛。心力交瘁得經常得進醫院，長年都病懨懨的。」

但是在這樣的背景氛圍與歷史中，今年這一個班有迥然不同的新風貌。任教的三、四位老師在偶然的機緣下開啟教學改變的神奇大門後，從教材設計的改變到班級經營、教學技巧的

專欄

一個「優質教室」應該有什麼特質？

一、這一間教室裡不再放棄「任何一個」孩子，同時能看見「每一個」孩子的天賦。

二、這一間教室裡的「每一堂課」的學習，都能讓「每一個」孩子展現出自信的微笑。

三、這一間教室裡的「每一個」孩子也都有機會驕傲的展現他們的學習成就，當然包括那些只是被教笨了的「假性學習障礙」學生。

能夠達成這三項標準的班級，應該就可以稱得上是「優質教室」。

改變，老師的教學轉型徹底引動了孩子學習模式的改變。這一間教室裡的大人開始用更正確的方法對待孩子，短短時間內，這個優質的「教室」活像個真正的「學習型大家庭」，每一個孩子都能充分的各展所長。

在轉型改變之後，這三、四位老師從原來「整天追著學生跑」的苦命老師，搖身一變成了「整天被學生追著跑」的幸福老師。在學習路上，孩子不斷的追問學習上的發現或困擾，班導師沉思一下說：「被好學的學生追著跑的感覺真好」、「而且真的有好長一段日子不再頭痛了」。內心甜蜜和滿足不言可喻！

不只看到教學的熱鬧，也看到精熟的能力

改變的大戲碼做起來複雜，說起來卻還算簡單。老師們改變過去完全依賴教科書，總是只敢一頁一頁按照教學進度上課的老習慣。當然也得打破不太花時間準備上課教材的老毛病，課前好一段日子就要花時間下工夫、系統化的歸納教材，從教材中整理出幾個簡單的核心概念。我通常認為一堂課如果教授超過三個核心概念就算太多了。核心概念清楚，教學者會更勇敢，敢於取捨教材。當教材中瑣碎的枝枝節節變得不太重要，反而能好好消化教材的策略與方法，好抓出教學重點。

教材準備好，好戲才登場。老師一改過去站上講台就滔滔不絕講課的習慣，敢於在課堂中放手讓孩子自己表述、自己思考、自己學習，老師只在必要時才出手引導或修正。配合學生必須密切、頻繁的互動，「排排座」的教室座位安排就需要調

整成方便討論的「小組座位」了。座位一經調整，學生的角色也跟著變化。有人扮演小老師，有人扮演提問者、有人扮演記錄者等。輪流擔任的角色扮演讓大家更能相互體諒與協助，也讓學習氣氛熱絡起來。

改變的兩個月後，第一次段考來了，老師們也準備初步驗收成果。核算出的成績單顯示出超乎預期的「短期快速績效」，這初步績效還真有點震撼人心！

這個年級因為有一班資優班當標竿，學習績效能輕易看出來。就算沒有資優班，一般說來，國中新生入學時也會先實施第一次評量，以入學起點成績當指標也行，只是準確度或許會差了些。

這學年入學測驗的結果，除了資優班的每一科前測成績都在 90 分上下外，其他各班都僅在及格邊緣，確實顯示這個地區的孩子在國小階段所學習的基礎能力和熟練程度，存在某種程度的困擾。根據這個「自我比較也與資優班比較的短期成績單」中可見，進行教學改變的這個班孩子，其進步的幅度有多大。緊追在資優班之後的評量成績，也說明了教學改變的成效確實能輕易顯現。（稍後我們也該討論一下：成績真的能代表教與學的績效嗎？）

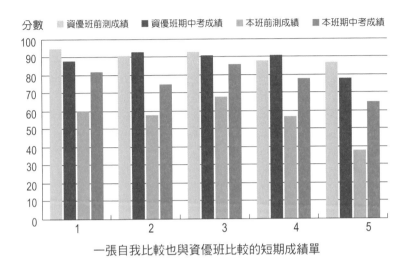

分數　█ 資優班前測成績　█ 資優班期中考成績　█ 本班前測成績　█ 本班期中考成績

一張自我比較也與資優班比較的短期成績單

　　這一個用對方法教學的班級，在改變學習方式兩個月後，段考成績可謂突飛猛進，孩子們後來不管是在社會服務、環保生態、社區經營、專題研究、藝文科學等各個不同領域所展現出來的傑出表現，也都有一股深沉的震撼力量！

　　過去的教育界面對這一群學習成效不好的孩子，最簡單的想法與做法都是讓他們改投身體育、餐飲、技藝……等其他不必下工夫讀書的領域。所以好些年間，在各地鑼鼓喧天、舞動教育改革大旗的學校，都窮盡心思端出熱鬧的活動，無非是讓學生跑跑跳跳、上山下海。押著孩子練就驚人的球藝；在登山涉溪中遠離教室；無論多麼苦情的學校，也會盡力找個活潑動人的玩意兒玩玩，既安慰自己，也安慰家長。可是當這些動態的活動散去、當學校絢爛的那一面回歸到簡樸的平時樣子時，日子還是得回到老路因循的過下去，孩子漸漸又趴伏在教室的書桌上。最後當孩子長大了，當他們得走進真實的社會時，很

快就發現那些非會不可的基本讀寫工具能力,自己竟還一竅不通!這樣的教育改革,這樣的「特色發展」,真讓社會大眾大失所望,所以民間就流傳這一句「快樂學習、安樂死」的似是而非口號。

這個班級的成績單的確有能力挑動那一大群對「快樂學習」、「特色學習」大失所望的大人們的心弦,也應該能鬆解多數篤信「萬般多元學習皆下品,唯要智育學科成績高」的家長、老師們那喜歡看成績單的心結。

但它真正的作用應該是讓大人們認真想想:只要正確改變大人的教學,的確有個活生生的案例,能證明學生不會「快樂學習,安樂死」,也不會「只會打球、只會玩活動,必然不會讀書」。只要正確改變大人的教學,孩子不只可以活潑快樂的學習,學習成效與態度也都能因之而優!

這張成績單也應該能同時提醒另一群雖屬少數,卻儼然是今日教育改革主流的「多元特色課程」的推崇者。推動活潑化、快樂化、多元化的教學,並不是只要孩子快樂或只強調活

專欄

成績真的能代表教與學的績效嗎?

雖然深知教育評量的教育人會說:學校考出來的「成績單」未必非都很牢靠,除了許多能力無法在考卷中考出,學生也無法單靠一枝筆就寫清楚各種能力之外,技術上的問題也常常讓成績單上的數字離事實很遠。包括答題者的心態,

出題者的命題素養等，也都會影響評量結果的精準程度。

　　學習需要評量，學校就難免需要考試。在同一所學校、同一群老師，有充分共識的操作下，只要大家心裡都明白成績單上的數字只是局部性的表現、不要無限上綱的全面性判斷一個孩子的好與壞的大前提下，成績單上的數字還是有些用處的。它能用來判斷學生在團體中所處的位置，也能粗略的看出學生某幾項特定能力的強弱高下。假如能累積多次前後對照的成績單，還有機會可以評估學生概略的學習真相。

　　一般說來，本地的國中生在剛入學的時候都會先實施第一次評量，目的是要先測驗學生在國小階段的學習成效，作為國中階段的教學參酌。這測驗本意良善，也是教學者一定要做的「起手勢」工夫，可惜部分走偏鋒的學校卻利用這個成績去能力分班，將學生在入學初期就貼上標籤，這成績單因此儼然有「一次測驗定三年」甚至「定終生」的作用，也讓這個良善的測驗真的失焦了。

　　這個學校在孩子入學時的第一次前測內容，包括國文、英語、數學、社會、自然這五大學科，除了唯一的資優班孩子幾乎科科都測出 90 分左右的成績外，其他六個常態編班的班級，每一科測出來的成績都只有資優班成績的半數而已！

　　不要無聊的去細究數字上一、二分的差距，只要看粗略的成績級距，還是能看出一整個班級學生的學習績效。這次「六個常態班」烏鴉鴉的測驗結果，除了證明這所學校確實一點都沒做假，真的守法作「常態性」編班外，更重要的真相是顯示出這個地區的教育，在小學階段就已經遺失多少孩子！這群孩子未來在國中學習的先備能力更是叫人擔心！

動而已。活潑、多元的教育不能再找任何藉口去遮掩學科能力教不好的責任了。不管是一元或是多元；不管是傳統或是創新，教育都不能一心只看重學生學習當下形式的活潑熱鬧，更得看重孩子是不是真的學到將來能「再學習」，能「活下去」的學科能力，這才算是真正的門道！只要教學方法對了，學生基本工具能力能學好，學習的成就也必然能拉拔起來。這一紙不起眼的成績單不過是「一生學習」的小小「起點」而已！

只要方法對，就有好效果

這個班證明了，只要方法對，效果很快就會顯現。成績單只是其中之一而已，之後他們的成果才真是令人驚艷！曾幾何時這些弱勢的孩子，竟能被清大的教授邀約進清大讀書！

■ 激發寫作與創作欲的文學營與藝術營

學習方法對了，學習熱情也就來了！七年級暑假是孩子的第一個國中長假，孩子們分別組成小組，每個孩子都分頭在四個大型活動中來回奔波。他們一口氣規劃辦理了兩天一夜的文學營、兩天一夜的藝術營、需要漫長時間準備的一日餐廳經營的體驗活動；此外，還定期到外配中心去擔任輔導小小孩的小老師工作。在自行完成這四大活動後，孩子們還得應當地大學等不同單位的邀約，去分享科展與參與各種課程規劃的心得。在兩個月時間內完成這麼大的活動量，一般學生可能好幾年都還做不到呢！

第一個活動是「兩天一夜的文學營」，透過出版社的協

助，孩子們邀約了一位作家到班級教室，透過作品閱讀，分享
寫作的小技巧。學生還異想天開的利用隔音很不好的老舊教
室，克難的錄播一場文學訪談的廣播。一連串緊湊的活動，孩
子們玩得深入又有趣。兩天的文學營結束後，他們不只留下一
堆學生式青澀的作品，也同時建置了班級網頁與臉書，且持續
熱絡的經營。整個國中階段，孩子們每天都有不少精采的作品
在這裡發表，相信這段歷程鍛鍊出來的能力與熱情，能陪孩子
一輩子。

　　也是透過書商的協助，學生另外邀約一位畫家，指導他們
辦理「兩天一夜的藝術營」，地點當然也在免費的老教室進
行。色彩探索、捕捉創意、藝術品解讀等等一連串熱鬧的學習
活動塞滿兩天的課程。課程結束時，孩子們在教室的走廊外面
架起大大的八張三夾板，漆上底色，分成幾個小組，群策群力
集體創作了一幅超大的壁畫。這樣的創作熱情也激勵這群孩
子，日後每年都持續有精采作品參加各項繪畫或藝術比賽，有
些年甚至包辦當地美術比賽的前幾名成績呢！其實，成績倒不
見得重要，真正可貴的是因此激發出日後孩子們源源不絕的創
作熱情。

■ 孩子當家的餐廳及其他活動

　　「一日餐廳經營」是另一個有趣但難度更高的活動，孩
子對烹調很陌生，想要正式、全面接手經營一家餐廳，的確
需要漫長的時間準備。孩子們想嘗試經營的商家，是他們常
去那兒討論功課的商店，那是一家咖啡店，也是當地頗有名
氣、供應西式簡餐的餐廳。那一天，孩子們一如往常在餐廳

聚會，突然學生有點冒失的詢問老闆：「能不能讓我們當一天商店的老闆看看？」

　　和老師商量過後，這位很有意思的老闆竟然勇敢的答應，並聲明「一日商店」活動當天，店裡將會撤出所有工作人員，孩子們必須全面當家將餐廳經營好。這餐廳的營業內容雖然不是很複雜，但既賣餐食也賣飲料、咖啡，林林總總的品項還不少，孩子們必須「照單全供」，這壓力何止是不小！

　　初生之犢不畏虎，孩子們也真的如期提出「經營一日餐廳」的詳細計畫。暑假中有將近一個月的學習與準備時間，孩子們毫不畏懼的分組學習做菜，從準備食材、學習烹飪、配菜與上菜，都是備餐的硬工夫，雖然有廚師指導，還是跌跌撞撞得厲害。練習調製飲料、苦練接待與規劃宣傳工作，甚至接洽當地電台上節目「打活動」，這些工作雖然較容易學會，真要上手也很難。事後發現：光是學習與準備期間，孩子們因為不想浪費而吃掉自己做壞的食材，都讓小組學生們幾乎小小的增胖一圈，可見投入實在很深！

　　那年八月八日父親節，「一日餐廳」如期開店做生意，內場、外場忙成一團，從兵荒馬亂到漸入佳境，如潮水般湧入的客人個個都見識到學生的本事和用心。孩子們內心的收穫和帳面的收入都算可觀。這群孩子自己的家境多數都不寬裕，一天活動終了，清算一天的營業收入和盈餘。大夥兒竟毫無異議的決定要將這可觀的收入全數捐給弱勢團體，我深深發覺最好的品德教育，原來是在情境與體驗中內化出來的，而不是用口頭教出來的。身體力行、探索、深思，才是品德內化的最好途徑！

　　暑假的其他時間，除了小組讀書會與例行的科學營、魔術科學等課程持續進行外，孩子們也經常自己尋找機會主動毛遂自薦擔任各種志工工作，當紙風車劇團到這個偏鄉小城演出時；當美術老師想辦理畫展時；當飢餓活動來到這個偏鄉時，孩子們都會主動要求，探詢看看有沒有能參與或幫忙的地方。有時孩子還會明確要求能否不只協助搬搬桌椅道具，更進一步期望能當個一起參與活動或演出，或是協助規畫辦理展出，或是擔任畫展導覽的藝術志工等，這種有更大專業學習空間的角色。真心不會換來絕情，各方長輩都很樂於成全孩子，長輩提供他們舞台，孩子各個都全力以赴，這個假期孩子們果真收穫滿行囊。

■ 他們是否有機會以推甄的方式上清大？

　　八月下旬，七年級的暑假快結束，當地的大學邀請這群師生去分享他們的成長歷程。事出突然，極短的時間內，老師只能隨意召集了幾位暫時沒有任務在身的八個孩子前往，老師也詢問我：「在這麼浩瀚的教學經營範疇中，要怎麼說，才能在最短的時間內將教學改變說得清楚？」我說：「就說說一個老師該如何上好每一堂課吧！說說怎麼讓孩子喜歡每一堂課，怎麼讓孩子每一堂課都能全心投入學習，如何能在每一堂課中都能讓孩子不斷的動腦筋思考，能讓孩子樂於與別人分享吧！……至於一起前往的孩子，就只需說說自己的學習中，最得意、最興味盎然的經驗與最難克服的挑戰就可以了！相信真正的老師一定可以在學生的成就與困境中找到最好的教學方法。」

　　我想老師真的明白我的想法和期待了，那一場分享過後，

老師即刻寫了這封 E-mail 給我，信中說：

> 林老師：
>
> 　　到大學的教學分享，謝謝你事先提醒我：教學應該回到每一堂課。當分享如何扎扎實實上好每一堂課時，我也感受到研習老師眼中的亮光。「上好每一堂課」真的是身為一個老師的最大疑惑呢！回到一堂課就不會只聚焦在活動上，就比較能容許學生有實質的討論。
>
> 　　暑假中孩子們各自都有精采的活動安排，這場分享會我只帶八個孩子去，他們都是自願去分享的。他們的表現讓人驚豔，聽說現場一位與會的清大老師事後問主辦老師：「將來這些孩子是否有機會以推甄的方式上清大？」
>
> 　　更多人問道：「這些孩子是挑過的嗎？」、「他們是資優班的孩子嗎？」現場多得是這些問題，諸如此類的問題一直都在。
>
> 　　我告訴他們：「這些孩子原來不被認為資優，他們的今天是花時間帶出來的。雖然方法笨，也不一定值得效法，但真的，只要用心帶孩子，加上找對方法，就會有成果。」

　　當讀到信裡面寫的「是否有機會以推甄的方式上清大」這一句話時，我內心的感慨真的很深！一年多之前，這些孩子不論是該會的、該不會的，一定都不會。當在學校裡上著沒有一堂聽得懂、沒有一堂學得來的課時，漫長的一整天，無所事事之餘就難免不斷的製造亂子或製造困擾。這樣的孩

子莫說是去「清大」上課，恐怕國內任何大學都不會想收留他們，說不定連想到清潔隊幫忙勞動服務，人家都不見得要呢！可是才短短一年的改變，剛上國中二年級的他們竟然就搖身一變，被這般榮耀與期待。看得出來方法做對了，效果很快就會顯現，誠然不虛。

沒有指導老師的科展團隊，揚名立萬

　　七年級暑假過後，就是國中生涯的第二個假期～八年級寒假了。寒假時間雖短，但「自己找的」任務還是很艱鉅。七年級時全班曾經組成四個隊伍，選定四個不同主題，參加科展與網界博覽會。八年級更成長到四個科展小組與一個網界博覽會團隊，這幾個或社區經營，或生態探索，或科學研究等等差異度很大的主題研究，迫使整個班幾乎人人皆兵。其中，芒草小組主題是「芒草・變裝・show！：芒草纖維作為造紙新原料的可行性研究」。小組成員不只要上山下河採芒草，忍受割傷、瘙癢的辛苦，純手工碎草的工作更是老天爺才知道有多累人。更慘的是研究才開始沒多久，實驗進度就觸礁了，因為小組辛苦打出來的芒草漿一直無法順利結成紙漿。當地找不到專家詢問，學生老早習慣上網尋求助力，總算皇天不負苦心人，繼早期遇到一位經常在網路上提醒他們研究方法的老師之後，這回他們更有幸遇到台北林試所的一位研究員願意撥出時間協助。可是實作畢竟很難在網路上說清楚，大夥兒因此規劃一趟台北小旅行的活動。對這群多數來自較弱勢家庭的孩子而言，台北行是沉重的經濟負擔，得來不易，所以孩子不只將每一天

都塞進滿滿的參訪與學習，而且還要多安排幾天學習以值回票價呢！

台北行前，孩子自編厚達 21 頁的台北小旅行活動手冊，有這些有趣的資料，孩子的臉書上也記錄了詳細的活動歷程，經常上網看臉書的大人，一天一天讀下來，絕不會懷疑這研究與細節是否出自國中生之手。

一趟台北行，孩子分組住進我安排的寄宿家庭。有一個接待家庭是由退休老企業家接待兩個小朋友，晚上一老兩少一聊起來，竟不知夜已深沉。在代溝嚴重的這年頭，老、少能打招呼都已大不容易，難得還能深談到半夜！另一個家庭在最後一天送走孩子時慨嘆：「怎麼有辦法教出這樣的孩子？臨走那一天，孩子們不只清理自己借住的房間，連整個房子都有條不紊的整理妥當呢！」邋遢的房間不正是二十一世紀多數年輕孩子的象徵嗎？

最後，只在國文導師的協助校稿下，這個從頭到尾都沒有真正指導老師帶領的四個小組，都在縣賽中得獎，芒草小組更異軍突起以全縣第一名的佳績取得台東縣的代表權參加全國科展。面對出乎意料的縣賽冠軍，孩子們經過冗長討論後，再次下定一個奇特的決心：決定拋棄縣賽的全部報告，要在短短一個多月時間內重作一份更具深度的報告，其他小組也都義不容辭的協助。從這些孩子身上，找不到一絲絲好逸惡勞、一絲絲因循苟且，反而是遇事就展現出的勇於任事與相互支援，而且一定要將事情做得完美的責任承擔，再再都教人動容。

■ 最克難的「布展」，贏得最真實的榮耀

　　暑假到彰化參加全國賽，賽前布置展示作品時，老師巡視
了其他縣市的攤位，發現其他團隊的參賽作品無論在裝置設備
或是呈現方式都極其精緻，不下於職業級的專業作品；再回頭
看看自己孩子們用保麗龍板和壁報紙組合而成的展示板，不免
感到洩氣。只好先鼓勵孩子：「來參賽就好，能來就是贏家，
不計較成績，放鬆心情吧！」

　　但是畢竟孩子的作品是在一次又一次的失敗中自己尋找支
持、自己論辨與思索、自己彙總資料得來的成果，所以在與評
審對談時，孩子落落大方、鞭辟入裡的解說，展現出他們最強
的實力。終於，全國賽的結果揭曉，在幾乎所有隊伍都有一
群或家長、或老師、或專家的大人協助下，略顯孤單的「芒
草‧變裝‧show！」小組，獲第 52 屆全國科展國中組生
活與應用科學科第二名，同時獲得企業贊助獎項「臺灣康寧創
新獎」的優等獎。「臺灣康寧創新獎」是頒給具有科學探究能
力的同學的特別獎，「芒草‧變裝‧show！」是唯一入選
的國中作品呢！這個獎項獎勵這組孩子的探究精神，半年後這
個公司還特別招待這個班級的所有孩子，來一趟台北兩天一夜
的參訪行程以為獎勵。孩子們在康寧公司高階工程師的盛情招
待和解說下，頭一次超齡的身歷其境，接觸耳聞已久的「高科
技」，「不停的問，滿臉的新奇」正是他們這兩天一夜的寫
照。這段榮耀之旅寫實了這個班這一年所走過的每一段努力！

不在預期內的成績單

六月，暑假開始前。有一天，老師看到每個孩子的書桌上都有一張奇怪的課表，表頭寫的是：七月份功課表。老師心想：輔導課八月才開始呀！七月校園整建，孩子沒教室可用，不能來學校呀！詢問之下才知道，學生們對於封閉校園這件事，已有了應對之策。他們自己洽借了一位家長一間閒置的美容院，找到幾張長長的會議桌和椅子，利用課餘時間，孩子們將閒置一段時間的空間布置妥當，一間袖珍卻溫馨的教室就這樣誕生了。這一張課表正是孩子自己設置，也準備自己經營的「書屋」的暑假課表呢！

七月暑假一開始，「書屋」也同時開張，他們開始自己管理自己的自學課程，老師反而要變成客人了。假期開始不久，臉書上又貼出孩子們這張書屋的公告：「號外！號外！書屋自明日起開放晚上時間，5 點 30 分到 9 點 30 分，需要滿五人以上才開放，請事先告知」。看來白天的時段顯然已供不應求，孩子們要延長經營時間了。

不管是為了省電或是安全的理由，他們設定滿五人以上才開放「晚間時間」的決定還真是智慧，孩子的領導管理做得有模有樣，而負責上課的孩子也上得精采。對了，似乎忘了提到這書屋課表中主課的，大都是學生自己輪流擔任的呢！另一天，又有一張通告出現在臉書：「鄭重的向各位道歉，今天的理化課確定是我記錯時間了，害得大家一起搞錯，記憶退化中，請各位多多包涵」。原來授課的小老師因為「業務」繁忙，連上課時間都搞錯了，看來這很像家家酒的「書屋」確實

不是家家酒！

不要說這個班是奇蹟

　　兩年了，這群沒有一個是資優生的一整班孩子，老早將學習當成最有趣的事，也把扮演小老師當成再自然不過的事。從網路上自學數學的「小高手」常常自己開課，甚至認真的投入連高中生都覺得困難的對數和三角函數教學。

　　另一群自己拍片也拍出心得的孩子，更常在網路上分享他們自己揣摩或求教得來幾近專業的影片剪接「眉角」。那一組晉級代表縣政府參加全國科展的科展隊伍，經過討論還真的毅然下定決心放棄半年多的實驗心血，重做所有的研究資料，只為了想讓研究歷程更精準呈現，其他小組同學也樂於相互支援與激勵。

　　這一串串都不能算小事的學習大活兒，不停的在這個班級上演，連傳統上孩子恨不得遠離書本的暑假，沒有任何大人在一旁鞭策，他們都熱鬧滾滾的幹著新舊活兒。這不是奇蹟，這是用對教學方法之後，必然會有的幸福。

　　暑熱襲台的七月，這班孩子沒一個閒著，他們各自忙著構築自己的學習大夢。只要教與學的方法對了，的確能帶出這樣的「慘綠少年」。

第三章 學生一定要自己學，教師不要只是一直教！

探尋改變的源頭

　　八月下旬，暑假雖已近尾聲，夏日的太陽和暑熱卻正難耐，想邀請老師參加教學研習可不是一件容易的事，但是在台灣較偏遠的這個小城，工作坊的通告一上網，一天之內就匯聚了四十位志願報名參加的老師，實在不容易！

　　兩天扎實的教學工作坊活動中，四十位與會的老師中竟然只有一位國中老師，其餘全部都是小學老師，可見台灣的國中基測考試威力真是不小，教學天地被窄化到只剩考試，什麼教學技術提升都可以免了！這些代代相傳的升學考試像金鐘罩、鐵布衫的困住所有老師的教學，任何新訊息、新刺激、新花樣，幾乎都難以穿透進去，比起沒有被考試圍困的國小老師，國中老師的教學能力提升意願確實小了許多。

　　上午半天的課程，我盡力讓老師們親身體驗當教學的方法改變之後，不只會引發巨大的學習變化，也能產生難以置信的好成果。老師們自己體驗式的學習一課長長的國文教學，發現只要能用對方法去拆解教材，再用對方法教給孩子，儘管是一群記憶力早已不再過目不忘的資深老師，也幾乎能將整篇文章

40

都記在腦海裡，更重要的是還徹徹底底的了解全文內涵。這幾近神奇的體驗讓老師們的眼神開始發出光芒！

每一個人都要親自動手操作的確是較震撼的研習模式，所有老師都親自體驗：

◆ 如何解構、調整教材？

◆ 如何將教材轉變成孩子能吸收的學習細節？

◆ 如何將所有學習素材歸納到三、五個提問的問題中？

◆ 如何將學習轉回到孩子身上，孩子自己處理知識，動手學習，老師只退到一旁擔任協助的角色？

◆ 如何組裝這三、五個提問的討論順序，且能讓學生按部就班就輕鬆的自己學會？

◆ 如何在討論中合理的面對千差萬別的孩子的各種不同想法？

◆ 如何在教學中精準的看到一整個班級的所有孩子，都受到同等重視的對待？

◆ 最後，如何能在最短時間內跨出第一步，將所有的好方法立即付諸實行？

第一天中午，楊老師來找我，她說：「我當了六年的國中老師，帶了兩輪畢業班，帶領著一群什麼都學不來的孩子，多數孩子甚至連生活上的規矩也不好，實在傷透腦筋。而且經常得在訓導處與派出所間奔波，每一天都將所有精力耗在管理學生上，根本沒有餘力顧及教學。」

「現教現學」是學「教好」的第一步

　　楊老師說：「今天我第一次見識到真正的教學方法，也看到新的希望，我期待有機會邀請老師直接進入我的班級教室，協助我們鍛鍊教學方法！」這樣誠摯的邀請完全無法拒絕，所以我很快進入這個班級的老舊教室，協同教國文的楊老師和社會、英語兩科的任課老師開始一連串的「課室觀察」和「協同教學」。好一段時間中，我幾乎每個月都得搭飛機，去經營這一段教學改變工程。

　　在這一年的教學改變過程中，我們一起嘗試去打破傳統的刻板教學，努力相互提醒，努力做到「團隊勝過個人；方法重於內容；學生成就好過學生成績；學生本位取代教師本位」的班級經營。藉著一步一步的做，一次一次的反思，每一次只要察覺到做錯了就馬上改；一旦想要改變，就片刻不停的再去試做；每一次改變之後，還得仔細觀察能否在孩子身上看到成效。

　　現場教學觀察與對話的最大好處是「聚焦」，教的人和看的人很容易看到或談清楚同一件事，而上課學生眼睛中流露出來的眼神，就是教法的最好評分，無須太多理論佐證，也避開理論論述時為求「怕話說不全」而常常不得不「這樣也對、那樣也對」的模糊空間。這「現教現學」算是最真槍實彈的了。

　　一年多尋尋覓覓的改變工程，終於整理出一些可以努力落實的小枝小節。雖然小枝小節不少，大原則倒是簡單，也不過就是：「教學，就是要努力設法讓學生在一整堂課中都忙碌的動腦筋，忙碌的解決問題」罷了。這「動腦筋、解決問題」的

教學大原則，不像傳統上老師只是一直悶著頭教，老師像「阿信」一般拚命教學的效能其實是很低的。

重建老師、學生的新角色

回首看這個頗有績效的班級一路走來的教學經營過程，我們找到幾個成功的元素。勉強濃縮、整理歸納出十一項小策略，這些策略在這群孩子與老師身上證明管用，在另一群師生互動中也應該會有好效果。

太陽底下本來就沒什麼新鮮事，教育更不能有、也不該有「曠古絕今」的新奇點子。這十一項策略大多是老花樣，只不過稍稍加上改變的新元素，就能發生意想不到的好成果！這就是創新呀！「創新」從來都不是革命，只要和昨天有一點點不同的做法，就成了今日的創新，「不斷修正」正是創新的精義，未來仿用這些策略時，也當隨著情境與對象略作調整，才能不失「創新」的原意。

(1) 分組教學

為了方便討論和合作學習，教學時盡可能分組。但是如果還是「老師講、學生只管聽」的教學方式，分組的意義就不大，說不定反而徒增困擾而已。人數、組數，都是數量愈多，效果愈不好。

這個班細分成八組，包括座位都分組安排。整天的所有課程都採分組學習模式。老師事先跟孩子理性的分析合作學習的雙贏效能，藉以鼓勵班上學習上較優勢的學生能真心誠意的幫忙學習稍弱勢的孩子順利學習。受限於班級人數，每個班級以

不超過八組為佳，每個小組人數以不超過四人較佳。

兩人一組優劣參半，如能落實師徒制，效果當然極佳，但一遇個性不合的兩人就會有反效果；每三人一小組效果較好，因為三人行不容易有學生被孤立。

四人以上同一組，操作一不小心，至少就會有一位學生可能變成「學習的客人」，學習效果開始走下坡。事實上，分組教學也不是萬靈丹，學生一人一人落座時會打瞌睡，四人同組落座也一樣可以睡得很甜。討論與合作學習才是要不要分組教學的關鍵，教學法不改變，空殼子的分組只會徒增教室管理的困難而已。（請參考「分組教學小要領」與「學習效能金字塔」。）

(2) 輪值幹部

班級中，人人都是輪值幹部，每個人都有機會為班級服務；每個人都有學習與服務的任務，都要學會配合別人的領導，學會為自己的學習負責。再怎麼不濟事的孩子，都該有擔任幹部、服務別人的機會。

(3) 學習方法勝過教材內容

要不斷反覆的去操作正確的學習方法。要確信方法勝過教材和知識內容。教學進行前、進行中、進行後都要著重分析、系統思考、心智圖等方法的學習，老師一定得要自己先備齊這些系統學習的能力。

(4) 深度備課

授課前，老師得先運用系統結構與解構的方法去分析教材、整理教材，做深度的備課。老師拋棄過去的舊經驗，重新全面分析、解構、「再建構」教材，自己先精熟全部教材；再

從學生的立場與程度出發，設計出系統性的課堂提問；最後盡可能附帶設計一些能讓學生「熟練學習」的課堂遊戲。

(5) 不由老師的講解開始上課

每一堂課的進行漸漸改從學生切身的學習活動開始。不再由老師的講授開始，也不再由「打開課本○○頁」這樣的照本宣科開始。老師只在課程進行之初，提出「教材的核心」，並連結學生生活經驗的案例，當成暖身即可。

(6) 老師要忍住不教

教學中徹底實施討論式學習，讓學生習慣自己發現問題、自己找出答案。老師不要一逕想「教明白，說清楚」，千百年來哪些道理真的被老師說明白了？反而是當老師一開講，那探索「陌生」的機會就消失了！

讓學生習慣摸索，在陌生的教材中自己找尋理解的出路，才是真正的生活能力。孩子未來的一生中，身邊不會永遠都有一位可以隨時提點的老師跟隨著呀！

老師應藉由「適切佈題」的提問、接問、追問等問答技巧，引導學生分組討論、分組發表。所有該學會的知識，都設法由學生口中說出來，而不是由老師的口中教出來。

(7) 犯錯，最有價值

犯錯才有更大的思考空間；「正確答案」反而可能是學習的終點、思考的墳墓。對學生的發表與意見，老師不立即判定是、非、對、錯。要求學生為自己的答案提出合理的說法；對別人的主張提出合宜的懷疑。相互激盪，歸納整理出合宜的答案即可。

⑻ 學生自己當家

在每一項活動或教學中盡可能由「學生當家」，學生才能展現所長，才能找到自信。老師放手讓孩子經營各種學習平台：教室布置、活動規劃、教材深究等。每一件與學習有關的活動，從規劃、執行到檢討，每個步驟都由孩子自己集思廣益。

學生當家，就算最後的結果不夠好或甚至於做錯了，仍然價值非凡！

⑼ 學習弱勢要從根救起

找到孩子的弱勢根源，並找到適合的方法從根救起。先找到病根之後再補救，補救教學一定要抽離大團體的學習，可以尋求大學生或學長、姐的協助，透過一對一的個別輔導，就能找到有效的方法，最後一定要反覆做到精熟才能放手。

任何一個老師上課時，都不能讓弱勢學生只是乖乖坐在位子上什麼都不做，而是要給他們一個學習角色，點滴累積有效的學習，這弱勢才救得起來。

⑽ 假孩子的手，再通俗或無聊的活動都能精采

學習不能遠離世俗，也不必蓄意遠離例行活動，再差的活動或應考都有「練兵」的效能，準備大考、例行、節慶活動前，難免要有準備的工作，老師在規定準備期間與目標之後，其他就交由孩子自行規劃工作進度與執行管理。這樣的放手，也是精采的學習。

⑾ 課室外才有完整的春天

教室內的學習能打下「聽、說、讀、寫、想、做」的基本功夫後，得在教室外的各種活動中，真正學習如何精熟與適切

的運用。所以學習不能遠離人間,真正的學習一定要放手讓孩子在教室外經營自己的學習天地。

專欄

分組教學小要領

分組前,讓學生充分體會「教人與被教」的收穫,讓學生與家長都充分明白「教人」才是最高效能的學習,「教人者」有九倍的學習效果,收穫遠多於被教的人。能協助別人是極大的福氣。

▶分組前視班級情況,考量採用同質性、異質性或混合編組

同質性分組在組隊、競賽、應試、補救教學中有大助益,但一般情況下,讓優勢學生和一般程度的學生混編在同一組中的「異質性分組」效果較佳。分組不是萬靈丹,老師是為了改變教學方法、讓孩子學會討論與分享,因此才有分組的。

▶每一小組的人數盡可能不少於三人、不多於六人

實證上,五人以上的小組運作中就很容易出現事不關己的「客人」。人數太少(師徒制除外),例如每組二人,討論效果也不會太好,碰上不對盤的組員,連迴旋的空間都沒有。而每個班級的總組數如果多於八組,教學操作的難度就不易克服了。

▶小組的領導者與各種任務分工盡量採輪值方式

除了領導人,其他任務分派或分工盡可能兩人協同擔任,討論與補位效果較佳。

▶分組討論的主要問題都要事先設定

問題要避免簡答式或填充式答案，開放式且能扣緊教材核心的問題最佳。問題總數要極簡，每個學習單元以三、五個問題為佳，問題多容易分散焦點，難以達成「一次只學好一件事」的目標；另外，問題少過頭了，也很難架構出系統性的教材全貌。

▶分組操作初期，每次分組討論時間宜短不宜長

一發現討論時間多到能「閒聊」就該叫停。初期可以採用「世界 coffee shop」方式，趣味性的誘引學生輪流定時表述。讓每個人都有發表的機會，也培養聽別人說話的「能力」。

▶老師宜經常變換指定發表的人，切忌讓少數學生壟斷講話的機會

初期，對意見領袖要有妥當的安撫，避免挫折學生的熱情。要製造較容易表述的情境或提問，引導不擅表達的孩子開口。盡量避免在同一個時段邀請程度懸殊的同學講話，避免產生下駟對上駟的情境壓力。

▶要求學生的每一個回答都盡力能「有憑有據」

不論是從相關教材中找出邏輯依據，或是成長經驗的連結，都要「有所本」。每個學生的答案都同等重視，老師更要避免立即論斷每一個答案的對錯優劣，頂多要求當事人或其他同學補強、補充或修正得更完整即可。

▶老師要能摘要、記錄學生的表述，或即時衍生、提煉、整理出學生表述的本意

最好能快速找出學生發表的「亮點」，逐步修飾成最好的答案，甚至引發新的思維。也能找出學生表述的「疑點」，

即時「接問、再問」，加深學生答案的深度。只要老師能
「接問、再問」，互動效果就能加倍。

▶就算是真理，也要從學生口中說出

　　每則教材的核心重點或是精采答案，都要盡力設法從孩子
的口中說出來。彙總所有學生的表述內容，有系統的歸納出
知識的核心內涵，再讓學生自己一邊對照教材，一邊整理成
「學生自己的東西」。

▶最好連評量或考卷的「初改」都能邀請學生相互執行

　　改別人「非選擇題」的考卷，再相互校正答案，不只有
趣，而且還是最好的複習。但最後的「最終版」閱卷一定要
老師親手操作。假如可以讓孩子分工設計出一份好考題，更
是最好的總結學習。

▶經營一場活力十足的小組討論是老師的天職

　　讓學生能說話、擅長說話；讓學生有機會思考、擅長思
考。要求學生每一回多說一句話，先盡力「說得多」，再逐
步要求進階到「說得精到」。

▶用寫的工夫結尾

　　所有的討論結果，最後一定要用文字或圖表系統性或階
梯性的表述出來。寫出一則完整的表述是一堂課的最後一道
流程，否則很容易流於只是說空話。讓學生習慣熟練的使用
「小白板」或「小黑板」，不斷的用精簡的文字整理出小組
的共識，是分組討論的必要細節。

學習效能金字塔:
檢視哪一種教學最有價值?

　　傳統的教室,老師很難走下講台;教學很難走出課本;學生很難離開座位。這模式全因「老師一定要講,學生只能聽」的教學方式而大行其道。專業研究者發現,這種單行道式的學習,最終的效果極其微小,大抵就是 5%。換言之,一節 45 分鐘的授課時間,充其量只有 2.25 分鐘的成效;累積一天 7 節課也不過大約是 15 分鐘的效能;累積一週 5 天的學習也不過大約是 1 小時又 15 分鐘的效果;一年兩學期的效果堆積起來也還不滿一星期充分的有效學習,這「聽講」的教學效果也就不問可知了。

　　但只要轉換教室的主角,學生和老師易位,改採「討論和教別人」的方法,其效果陡然增加 18 倍。這無感的數字經過這般細細思惟竟如此震撼人心,真值得和學生家長一起分享。只消些微改變,絕大多數學生的學習都能因之得救呢!

傳統教學的
學習效能金字塔

Lecture
聽講—5%

Reading 閱讀——10%

Audio-visual 視聽———20%

Demonstration 示範————30%

Discussion Group 小組討論————50%

Practice By Doing 實作練習————75%

Teach Others 教別人————90%

(From National Training Laboratory-Bettel Maine)

　　研究教學成效發現：傳統聽講授課只有 5％ 的殘存效果，閱讀也只有一成效果。但小組討論和走出戶外真實情境的體驗學習卻有高達 50％、75％ 的好效果。

　　因為，學生在小組討論中不太容易放空自己，而是會全神貫注的聽，也得想想別人發表的內容，以便於批評、建議或讚許，效果當然不弱！至於讓學生真正去「教別人」，他那整理思緒與練習完整表述的過程更是最有效的學習王道。

　　實務操作的過程中，我發現學習效能金字塔應該還有一層更具效能的基底工程，那就是教師能夠即時提供學生成功的成就經驗，與能讓孩子清晰看到自己的學習願景。

　　讓孩子「知道為何而學」、「經常能接收到成功的激勵」，我私心認為這就會有百分之百的學習效能！任何一個成功者都能回憶自己因被稱讚、被欣賞而激發努力向上的成長經驗！但回到教學上，無論是父母或老師似乎都忘了這兩項法寶！忘了這兩項通常所費不多卻效力無比的好工作。

小組討論與體驗學習的
學習效能金字塔

聽講-----5%

工具性閱讀-----10%

視聽------解構經營------20%

示範--------自主、動手、產出--------30%

小組討論----------自主、動手、產出--------30%

實作練習----------課室外課程、專題與競賽--------75%

教別人----------師徒制、小老師制--------90%

成就經驗&清晰願景-------------成就平台、課室外課程-------------100%

好教材，一定要有「樓梯式」的攀登設計

帶好每個孩子的小祕訣之一，就是一定要花時間為學生重新設計專屬教材，教材至少要包含這幾個大方向：

◆ 重點宜少不宜多，一次教學的核心概念最好只有一個，三個以上都稍嫌太多。

◆ 一定要為所教授的班級設計專屬的教材，沒有什麼教材可一體適用，教科書就僅供參考吧！

◆ 要拋棄傳統印象或說法，重新細細審視教材。教師自己都不能感動的教材，一定無法感動學生。

老師自己用來理解與解構教材的方法，不能直接移植來傳授孩子，因為老師會的方法，不必然都能教得出來，就算可以教得出來，千差萬別的學生也不必然都能學會。何況多數教材不必然都只能用教的，有時，「不學而學」的情境學習反而是最好的學習；「不教而教」的體驗教學反而是最好的教學。

以下以余光中的〈空山松子〉教學案例分享。這首短詩只有 66 個字，卻正好能提供一次簡單又清楚的示範。

經過設計的教材，只消短短一節課玩下來，孩子連書本都不必打開，連唸一唸都不必，幾乎每個學生都能將這篇文章背誦出來！這甚且不是死背，孩子是因為了解而深深讀進腦海裡了。有這樣的體悟，孩子自然也能輕而易舉仿寫出一篇好詩來。更重要是孩子們會自己讀，讓讀書變成一件簡單又快樂的事，這樣的學習成就感，會激發無盡的學習動力，這比什麼都重要。

教材案例

空山松子

教材風貌之一

一粒松子落下來
沒一點預告
該派誰去接它呢？
滿地的松針或松根？
滿坡的亂石或月色？
或是過路的風聲？
說時遲
那時快
一粒松子落下來
被整座空山接住

▶教學說明之一：提問式閱讀

上文的課文教材，很難讀出效果。教師經過教材分析，設計出下列兩則協助孩子閱讀的提問：

> 提問1、主角、配角是誰？
> 提問2、文中有幾個「動作」？

要學生「帶著問題閱讀」，一邊閱讀一邊用色筆畫出他認為的答案，加上分段的區隔，教材一下子就有如「教材風貌之二」的不同樣貌。

教材風貌之二

一粒松子落下來
沒一點預告
———
該派誰去接它呢？
滿地的松針或松根？
滿坡的亂石或月色？
或是過路的風聲？
———
說時遲
那時快
———
一粒松子落下來
被整座空山接住

▶教學說明之二：自主理解與分段

只要經過討論，孩子不難發現，以藍色標出的主配角，和紅色首尾重複的兩個動作。當然細心的孩子還會將配角所在的相異三地也標出不同顏色（綠色）。再討論後，「派誰」這兩字所代表的主人翁更清晰可見了。

至於空山算不算配角？就留給學生自己去爭論，這樣的爭論還挺有意義的。

長文不容易消化吸收，最後再由各分組自行分段。不論分成三或四段，只要言之成理，老師沒有不接受的道理。

教材風貌之三

一粒　松子　落下來
　　沒一點預告

一粒　松子　落下來
被　整座空山　接住

動動腦的「意涵提問」：
松子有沒有接住？

▶教學說明之三：發現規律──首尾銜接

分段閱讀中，孩子會發現首尾兩段極其相似，這兩段連起來念，居然語意表達也都通順自然。不必加註任何文法修辭，孩子用體會的方式學會作文中老是搞不定的「首尾銜接」，就是這麼回事！

教學者再提問：依首尾兩句來看，「松子有沒有被接住」這個讓孩子動動腦的問題。

等到全文學完，老師最後再依全文文句來看，同樣問題的答案，又會有何不同？這當下，學生的腦筋和嘴巴可動得勤快呢！

教材風貌之四

一粒 松子 落下來

　　沒一點預告

　　　說時遲
　　　那時快

一粒 松子 落下來

　　被整座空山接住

▶ **教學說明之四：堆疊式的再結構**

　　將第三段的「說時遲，那時快」堆疊的併入。

　　為了引發思考，教學者拋出下面的提問，讓學生比較這加了料的首尾段，和原來的四個句子有何不同。

　　提問：加了「說時遲，那時快」的松子，和沒加料的松子如果一起落下地來，哪一個掉落的速度較快？

　　這看似無厘頭的問題，會有「加料的松子落得快」、「不加料的松子落得快」、「一樣快」三種可能的答案！從文學意涵判定的「加料的松子落得快」和從科學角度判定的「一樣快」，都各有支持者呢！但無論支持哪一個答案，孩子們肯定都體會到「說時遲，那時快」的真正意涵了。

一粒松子落下來
沒一點預告

> 該　派誰　去接它呢？
> 滿地的　松針　或　松根？
> 滿坡的　亂石　或　月色？
> 或是過路的　風聲？

說時遲
那時快
一粒松子落下來
被整座空山接住

> 動動腦的「意涵提問」
> 松子有沒有被接住？

▶教學說明之五：圖像理解與動動腦

> 1. 滿地為何沒有「月色」？
> 2. 滿坡為何有「月色」？
> 3. 「風聲」表徵這是個安靜或熱鬧的森林。

這三個問題讓學生的腦海中將樹林的滿地、滿坡和過路的風聲，圖像清晰的描繪出來。

至於「是個安靜或熱鬧的樹林？」就留給學生各自解讀，心境不同，情境的紛擾靜謐感受也大有差異。只要要求學生不要腦筋急轉彎的亂答，要在課文文句中有憑有據的說自己的想法。這短短66個字的詩文，自自然然就烙印在孩子的心版。

全文學完，老師最後再問讓孩子動動腦的「意涵提問」，看看學生的答案又會有何不同？

第四章 「課室外」的課程
在哪裡？

讓學生自己經營活動，創造統整的能力

　　課室外課程，跳脫細緻規劃、一板一眼的教室內課程，學生較容易真正投入自我鍛鍊的情境，有機會統整在課室中學到的讀寫、思考、理解、推理等等工具能力，創造較貼近真實的「學習成就」，培養孩子帶得走的能力。這些活動不只能補強課堂的不足，還能創造奇妙的學習熱情。

　　(1) 網博與科展：我們試著重新整理那「奇蹟的一班」的課室課程，對於表達能力、硬體設備較欠缺的偏鄉孩子而言，「網界博覽會」的比賽是個難度較高的比賽，第一年班上由學習較優勢的學生組隊參賽，如願得獎。這一得獎也激勵了學習較弱勢的另一群學生。

學生們從搥打芒草開始，真是吃了不少苦頭。

第二年，班上學習較弱勢的一群學生，包括五位「假性學習障礙」的學生也一起組隊參賽，這回合的參賽過程一定更辛苦，國文專長的導師能提供的協助也很有限，所以「學生自主」反而變成不得不然的策略選項！

幸好去年參賽的經驗傳承大大的降低參賽門檻，最後這個隊伍也幸運獲獎，這次獲獎的激勵比去年的獲獎更有意義。

沒有其他的後援，學生們自己動手佈展。

另外，也從學生、從在地出發，組織科展參賽群，學生自行編組進行專題研究，在無指導老師的情形下，兩年來全班學生幾乎全民皆兵，分別各自志願組成三、四支隊參加科展，「這樣行不行-削皮、挖除芽眼對營養器官繁殖的影響」、「Magic！化腐朽為神奇！」等等作品，先後獲獎，甚至代表該縣參賽全國科展。學生自己從生活的周遭找尋主題，透過採訪、實地踏查、協作、實驗等等歷程，孩子們真實的認識自然農法、有機種植，也關注地方的生態環保、核廢料等統整性議題。

展覽中學生們自己一一一應對評審老師的問題。

(2) 藝文與志工活動：假日，學生自主性的參加縣政府文化處與誠品書局舉辦的演講、音樂會、藝術表演活動。一聽說紙風車劇團要到台東演出，孩子們就極力主動要求擔任藝術志工，這次活動不只體驗了大型演出的舞台工作，還爭取到參與演出的機會。

暑假時，學生們自主性的利用教室邀請專業作家與畫家，分別舉辦兩天一夜的文學營、藝術營，文學營結束後，facebook 上的「807」班級社群就風光開張，從此天天都有學生精彩的文章與論點分享；藝術營落幕後，學生更積極作畫，幾乎所有繪畫比賽的賽場都有這群孩子的身影，長期的創作產出也很豐富。這群孩子們，只要逮到機會，就要投入、就要成長。

看起來有點手忙腳亂，但是經過一日商店的洗禮，孩子們也漸漸上了軌道。

孩子自主性的舉辦營隊，且協助藝術家佈展。

(3) 一日餐廳計畫：初生之犢不畏虎，大型計畫誰怕誰！七年級暑假，「一日餐廳」是孩子規劃另一個別出心裁的假期學習活動。孩子主動商請商家提供店面，辦理「學生

當家」的一日餐廳活動。經過七月份活動展開前期的辛苦實務訓練，孩子投入調製飲料、製作餐食、外場招待與宣傳等等難度很高的訓練。8月8日父親節活動當天，學生全員出動，分工合作提供商家平常販賣的餐食、飲料。在無大人協助的餐廳中協力奮戰，一整天生意興隆，最後全部收益也都捐助給更弱勢的單位。

(4) 科學課程：用「非教室」的空白課程，跳脫教科書的架構，找回孩子失去的科學基礎能力，舉辦能引發學習興趣的趣味科學課，例如：「零下195℃」、「魔術科學」等等。一些開基金會等社會團體舉辦的「科學宅急便」的科學活動，更是不能放棄。

只要有團隊，即使超齡挑戰也不是問題。這個班一大群學習能力較佳的同學主動要求跨級參與縣政府為高中生舉辦的科學菁英班課程。在團隊合作，嚴格自我要求及事前備課，事後複習的原則下，孩子們也能一次一次的應付裕如，最後還上得頗有心得呢！

誰來當家？

當老師學會教材設計、教學經營，不難看到課堂中孩子臉上的笑容取代了冷漠；積極的肢體動作取代茫然的眼神。「不那麼安靜」的教室漸漸顯現出孩子的學習效能後，班級經營就如順水行舟般輕而易舉了。

除了教室內的課程要孩子自己作主外，生活管理上、課室外的課程，也要孩子自己作主。幾乎所有有關學習的設計都有

下面的通則。

　　第一步：凡事都師生一起參與（包括訂定所有班級規則、活動計畫等）。藉著師生一起經營學習情境與氛圍的每一個機會中，從簡單的決定到逐次加重學生的承擔，讓孩子一次一次學會合作、學會將所有事情當成自己的責任、學會告訴自己一旦事情臨了頭，就要勇敢且負責任的承諾：「我可以」。如此一來，就能醞釀孩子多元發展的好機會。

　　第二步：凡事都由學生先作決定。每一個例行的灑掃、應對、進退，每一個互動都是鍛鍊「學生當家」的好機會。大人要能接受孩子只作出 50 分這不及格的決定，一件一件讓孩子歷練下來，老師也要真能漸漸放手，孩子們才有機會慢慢作出 99 分的決定。「下決定」最大的額外收穫是，孩子會因此建立自己任事的信心。就算有些決定就像亂槍打鳥，多給機會多鼓勵，都能摸索出一套「學生當家」的自主班級經營模式。

　　第三步：經營「品格銀行」管控早期的品德。這群半數來自弱勢家庭的孩子，初期並沒有養成好的生活習慣。鬆綁後的聚合，初期確實問題層出不窮。所以師生就集思廣益、逐步調整「品格銀行」的共同經營模式。學生自己管理品格「獎懲的收支」，自己真實的紀錄也會提醒孩子該有的行為規範。

　　銀行在每個晨間談話時間開張營業，夾帶別有所圖的時事、好文、音樂、心事的分享點滴，以累積孩子的「品格力」。有些行為、有些話，孩子們一直都不覺得不妥，所以自然也不是想改就能改得了，在固定時間持之以恆的「友善」處理與提醒，加上體驗後的對話，這樣才能真正學會。

　　這個平台不能也無須經營太久，短則半年，長則一、二

年，就一定要功成身退。因為孩子稍大一些，這種不痛不癢的外在「獎懲制約」效用就會遞減了。

第四步：不停的「活動」是最佳的鍛鍊與感情膠合劑。班級一個活動一個活動接力式的跑下去，因為分別由不同的小組全權負責，學生有時是經營者，有時僅只是參與者，所以不至於會有兵疲馬困的現象。

陸續辦理「與作家有約」閱讀與寫作帶領孩子深度領受文字的力量，同時長效性的抒發情緒。從認識、關懷自己的家鄉開始，小組投入人文、科學、環保等班級專題研究與創作。運用每一個能找到的資源，不論參與表演、展覽、演講，或暑假的科學營、文學營、英語營、藝術營、「一日餐廳」活動、志工與藝術志工服務，負責經營的孩子常常白天去參與活動，晚上共同記錄心得與小組討論，這麼多的活動除了提供「15歲孩子也能清楚找到自己性向」的性向探索外，只要計畫執行都做對了，讓孩子充分討論、互評，就很難發生太大的錯誤。孩子的人際關係與學習方法都能真槍實彈的驗證，「同志、同好、同學」三維的加強關係，讓孩子們的「革命情感」更是牢固。就算發生錯誤，也還是比只從教科書上學習要有價值得多。

第五步：堅持「玩」的形式，等待孩子自己學會。這個班級可以整個暑假、寒假都由孩子在「玩」中度過，只要是出自孩子自己之手的計畫，他們就能「玩」得認真，也玩出「好態度」與「熱情」。在本質上，「玩」就是有趣、有效的學習，做不好，他們會一次次修正。每每最後都能贏得大人的肯定，這些貨真價實的肯定慢慢讓孩子們知道自己要什麼。所以就算

假期過後，他們也不會有任何「假後症候群」，活動結束後，孩子們可以立即靜下心來讀書、上課、完成作業。玩深了，孩子們不需要老繞著老師打轉，不需要老是被動的等待學習指令，他們知道自己該做什麼！畢竟每個人的路都得自己走，沒有人可以代替別人過人生。

如果課程或班級經營一定要有一句圭臬，那就說：「讓學生自主吧！」雖然這麼一句簡單的話，可也真的「說得容易，做來難」，要教學者或大人放開「非教不可」的老習慣，需要一段長長的暖身和蛻變歷程呢！

回到每一個教與學的細節才重要

每每在一大堆經驗談之後，總想要濃縮成一句簡單的口號，雖然要給一句提綱挈領的「圭臬」或「大方向、大目標」很難，風險極高，且容易失焦或偏頗。但是不經濃縮成一句簡單的口語，那連篇累牘的訊息不只難以傳達出去，就算傳了出去也是誰都帶不走。濃縮話語不只方便記憶也方便去做。

對每一個受教的孩子和教學的老師或父母來說，所有實踐的底層務必裝填上一個一個的行動細節才是硬工夫，才是能否將事情做好的關鍵。「失敗的魔鬼和成功的天使」真的都是藏在細節裡！不說清楚細節，全貌更難落實。可是一句言簡意賅的話，就一定要簡單明瞭，而簡單就很難明瞭呀！提綱挈領的一句話或能精準，卻很難周全，很難說清楚細節全貌。

教育不像多數工作或商業行為，能立即檢驗成果。教育行為總要個幾十年才能印證成效，所以「教育理論或政策」常常就會標出一些「難以一窺細節真相」，模模糊糊的大方向或大目標。因為沒有即時驗證的機會，「改變」成了教育上最不需要負責的行為。一個改變換過一個改變，幾十年後再換個說法，這種「新瓶裝舊酒」幾乎成了教育的潛規律。「改變」就這麼一代代的人云亦云，一代代的說說就算了！

幾千年前的孔子說「有教無類、因材施教」，是無庸置疑的教育目標，無庸置疑的教學圭臬。但幾千年過去了，「有教無類、因材施教」還是雲影鳥跡、渺渺然不可企及。世代

換了，口號換成「成就每一個孩子」，細看，其內涵幾乎分毫不差。

所以只要不細究細節，只要還如過去的經驗一般，都輕輕跳過每一個該有的小小細節，就算再精準的「改變」方向或目標，恐怕還是會再度淪為教育理論者的「清談」！再悠悠忽忽幾年過去，下一個「改變」再來，這荒謬依然只是一場歷史陳舊的老戲碼而已！

教育的改變不缺大方向、不缺大目標，獨缺小小的、有效的執行細節。佛家說：「以指指月，誤指為月」說得真好！問教育如同問天上星辰在哪？如果就只是舉手往上一指說：「千百億星辰的方向都在上方」雖說大致正確，千百億星辰的方向的確在天上，但這天上也著實太大了！大方向總是很難搞錯，可是這大到看不到細節的大方向，怎能算對焦呢？對不了焦，自然也就沒有任何一個人能得到好處了。

說「讓學生自主」這話吧！這也只是個很難對焦的大方向。所以，無論如何一定要同時說清楚該有的千百種教學小細節與小要領。千萬不能只說「認真去做，認真去學習」就對了，就連「認真」這個詞的內容差異也挺大的！一旦失之毫釐了，錯的結果可是會相差千里啊！

多年來我深深覺得，無論是老師或家長，唯有回歸教學現場，「改變」才有真實的意義。甚至，只要回歸一丁點教材；回歸孩子的一小瞥上課神態；回歸一丁點教學技術的改變；找回一丁點正確的學習行動，孩子就能有真正自主的機會。這些個「一丁點」都比「談教育、談理論、談方向、談大目標」要好太多了。

舞台再小，只要站上去，就有動力

這個班的孩子大至在全國的舞台發光，在全縣的、地方性的舞台激勵自己；小至在自己臉書上露臉，在自己的小組藉著貢獻而得到成就感。這一連串大大小小的榮耀，讓他們的學習步伐想要退縮都很難！

當一群學生的學習動力被激發起來之後，所散發出來的學習能量是可以豐沛到動人的！七年級時他們在縣賽得到好成績，八年級參賽隊雖添加到四隊，網界博覽會依然沒放棄，只是這一回為了讓每個人都有機會參與，所以是由這個班的最後幾名學生組隊去參賽網界博覽會！難能可貴的是，最後這個自稱是「雜牌軍」的隊伍也獲得全國的銅獎。

下文是八年級的孩子在科展縣賽得獎時寫出的心得，先不論文采是否了得，光從文章所敘述的研究和參賽歷程，不難看出學生獨立自主的體會和成效，這正是教育最珍貴的產出呀！

專欄

沒有指導老師的科展

▶科展中的收穫（807 科展小組發表在臉書的心得）

今天帶著感恩的心情，分享我們班在這一段科展過程中的收穫。

去年七月一日台東大學舉辦了一場科展研習，因學校老師們都無法奉派出席，導師詢問主辦單位：「能不能允許學生自己出席？」感謝主辦單位沒有拒絕我們，讓我們這些對科展有興趣的同學可以參與，激勵我們開啟一段特別的學習歷程。當主辦單位告知可以提出計畫申請獎學金，本班四組同學便趕在期限內提出，並通過審核。對我們來說，這是一個更大的激勵。

我們的科展進行方式很特別，因為是在暑假提出計畫，加上隊數又多，無法找到指導老師。因此大夥兒商量：即使沒有指導老師，大家也都願意投入。「山不轉路轉」，總會有解決方法。所以我們這四個隊伍，事實上沒有真正的指導老師，只有到處請益的諮詢老師而已。

準備工作展開，我們開始很積極的到處收集資料。當上網、台東圖書館、東大圖書館，都無法滿足我們的需求時，經人提醒，我們發現國家圖書館裡豐富的資源應該可以參考。於是所有參與研究的同學一起規劃了一趟台北行──去國家圖書館印資料。行程與計畫都確定後，才發現未滿十六歲的我們沒有申請借書證的資格。與老師商量後決定，各組先擬出想搜尋的資料清單，請老師提前一天到台北幫我們印

出所有資料。

　　從找資料、大量閱讀、地理實地踏察、尋求諮詢老師的幫助、與同學討論，這每一個歷程，幾乎每個小組都能說出一段長長的故事。我們這一組研究造紙，在國家圖書館中，我們找到一篇民國64年的文章，清楚知道古人如何造紙；又找到一位手工紙專家，登門拜訪並認真的跟他學習造紙。不少探究的歷程細節，都叫我們興奮很久、迫不及待想與大家分享。但也並不是每個環節都一帆風順，我們也曾經兩度四個組幾乎都做不下去，甚至想讓一切都歸零！但是當我們再仔細理一遍頭緒、再重新出發，最後都發現那個最挫折的關頭，只要咬著牙跨過去，也就過去了！這一段受挫的歷程真像闖關遊戲，科展完成正是破關成功！

　　這一路走來，對我們來說，「結果」已經不太重要了！重要的是：在十四歲的年紀，我們可以靠著自己的力量完成一個完整的研究歷程，體認科學世界何其浩瀚！體認知識與學習的永無止境！這歷程與體認讓我們學會「謙卑」，要更努力學習。最後，真心謝謝對我們付出過的人，因為有大家的協助，學習的歷程上我們才能不孤單！

　　下一則是班上孩子自己在自學網站和課堂學習交互衝擊下的「自發性想想」，先不細就思考的層次和對錯，光就思考的熱誠而言，就是極為可貴的學習動力！孩子的學習是持續的，而且還自己開發出自學模式。這則「數學遐想」，不難看出已超出國中的程度。這幾位原本一看數學就頭大的孩子，搖身一變幾乎成了數學少年思想家！這不是教材上的數學，而是孩子不停歇的腦力運動。夜都深了，學生跳脫教科書，在每個人自己的生活細節或靈感中發現「規律」，而且將規律整理出來，這正是最可貴的數學核心學習。過去，這樣的核心不容易在僵化的教學中長出來。但當我們能給孩子課室外的平台和熱情時，孩子擁有熟練的基本工具能力之後，這樣真實有用的能力就可能生長！

專欄

我的數學遐想

2012 年 6 月 28 日 22:13 臉書上國二生的心得：
我的數學遐想

今天 思考這有趣數列：$1^2+2^2+3^2+4^2+\cdots\cdots+x^2$，
把值標出：$1+4+9+16+25+36+49+\sim n$ 寫上成：
$0+1+4+9+16+25+36+49+\sim n$ 公差為 1、3、$5\cdots\cdots$ 的「等差」數列，每個「公差」的公差都為 2，不知道這 2 有什用，先跳過！
我假設 S_n 為到第 n 項的和。則 S_1、S_2、$S_3\cdots\cdots$

可數字化 1、5、14、30、55、91……項數中的差算出，
把 1 設為第 1 項，發現「和」與「差」間的關係如下：
(1)、(1)+(1+1)、(1)+(1+3)+(1+3+5)……
這些數以 1 3 5 7 9 規則排列，數字的數量公差 -1。
例如：

$S_1 = 1 \times 1$ $S_2 = 1 \times 2 + 3 \times 1$ $S_3 = 1 \times 3 + 3 \times 2 + 5 \times 1$

類推發現

$S_{99} = n\, 1 \times 99 + 3 \times 98 + 5 \times 97 + 7 \times 96 + 9 \times 95 + \sim 197 \times 1$

算了個公式 $[S = (n+1)(n+2)]$

用不到，可惜！

寫下省思與沉澱，可以激發情感與態度

下文是一則班上孩子在例行的校外教學「隔宿露營」活動後，自發寫出的心得，雖然大家訂了「我最感謝的人」當共同的題目，但每個孩子的取材和寫法大有不同。這一群原來連報紙都讀不來的孩子，短短一年都改變了，能自己訂出這樣的題目，寫出這樣的文章，學習成效已很傲人了。但更可貴的是字裡行間顯露的態度和情意，他們熱切的尋找協助別人的機會、察覺自己的不足，也努力練習協助別人的方法。

一如我一直堅信的道理：品德與態度是很難「教會」的，打開課本學習品德與態度，幾乎是緣木求魚！品德與態度肯定必須是在所有一般性的學科學習或團體工作中生成，做「扎實」了每個學習環節，品德與態度就在每個「扎實」的學習中薰染出來，成效也就因之而有了。

專欄

發現，原來幸福離我這麼近——
807 的孩子

我想謝謝幾位同學，因為有你們，學習的路上才能讓我更有信心。

小潘：謝謝你會一直問我問題，例如 mod、log 和三角函數，如果不是你問了這些問題，搞不好我一直都不會去了解這是什麼呢！在你問這些問題之前，雖然也知道這些名詞，也曾找過資料，卻沒有去深入了解。你問我的當下，我非常緊張，那時我根本不知道真正的答案是什麼，我只是敷衍的帶過去，那時我才明白自己的不足！以前我實在非常臭屁，只會了一些；或得到了一些；或成績高了些，就會到處展現自己的厲害，自以為天下無敵。連同學有時不耐煩的瞪眼都沒發覺，當時的我實在太幼稚了！如果不是你，我不會明白這麼多，真的非常謝謝你。

小邱：我有很多感謝的話要說。妳改變我很多呢！

第一次妳來班上，我試著跟妳說話，但很怕妳不理我，幸好妳與我想像的不同——妳笑了出來！很高興看到妳可愛的笑容，我第一次體會到：如果沒主動，可能到現在都不會真正認識妳吧！幸好當時鼓起勇氣，非常榮幸！

記得有段時間很多天沒看到妳來上學，老師雖然也說了原因，但還是直到妳再次回班上，才放下那一點小擔心。我注意到妳是個不會放棄的人，也發現妳較不擅長數學，雖然我

能力不是很好，但還是想幫助妳，因為我小時候曾想要成為一個數學老師──雖然這是一件不容易實現的夢想，因為我自己的思考恐怕太複雜了！

怕自己能力不足以教妳，過程中可能還會遭遇困擾，更擔心妳會說：「不要了！」但我還是想試試看。因為我堅信妳不是個會一看見題目就拒絕嘗試的人，應該只需要給一點小提示就可以了。於是，我開始請教數學老師：「如何教人數學？」這不也正是我實現「當老師」夢想的另一種方法！認識妳，能讓我體會這麼多道理，謝謝！

當妳累了，請說出來，累了就休息沒關係。我希望在精神好的情況下一起學習，學習是長遠的路，撐著疲累的身體，學習只會愈來愈沒有效率。我給的作業也不一定要寫完，量力而為就好了，一步一步慢慢來。妳給我的不只是自信心，也改變我對事情的態度。謝謝妳！

投入下一個活動就是延續學習熱情的最好方法

下文我摘要了孩子隔宿露營之後瑣瑣碎碎的札記，想想這樣的熱情和動力如果能一波一波的襲來，學習會是多麼美好的事呀！

專欄

那一夜我們隔宿露營！

給 807 的老師和同學們：

經過了這幾天的隔宿露營，想到這幾天的團隊精神與表現，
我們越來越團結了。我相信，只要我們願意，一定可以完成
許多的事情。

晚會那一晚大家手牽著手，一個都不放開，看著滿天星空，
想起以前種種回憶：有快樂、有悲傷，有時候還因某些小事
而分裂。但到了今天，我們都準備好面對未來，相信大家一
定會有不同的表現的！謝謝大家。

小羅：兩天一夜的隔宿露營，好快！我們回來了！帶著很多
傷口回來。一開始整個過程就是不對勁！教官好兇，所有過
程就是一直卡到、卡到、卡得心都沉了！

營火晚會嗨翻天，大家都動起來了！嗨到回了家還是沙啞的
人沙啞，頭痛的人頭痛。

很開心可以跟全校的八年級生度過這個夜晚，我們永遠不會
忘記——那些年，我們一起度過的晚會！謝謝大家。先洗個
澡好好睡一下吧！這次活動，在地板上打滾，在汗水中闖關，
讓我了解人不能太自我：人生的路雖然由自己踏上，團隊的
力量卻必須由全體投入。謝謝 807 同學和帶領我們踏上人生
旅途的老師，你們陪我度過這兩天的戰鬥，雖然我在營火晚
會表現不是很好，但是我學到：我們是一個團體，不是只有
我一個人。十年後，回想起這深深的回憶，會是多麼美好！

小林：隔宿露營結束了！彷彿還可以聽到空襲警報：叫你趴下，拍手，聽不懂喔！聽到集合樂：給我大聲的喊出來！幹什麼，還不趕快集合！阿Q桶麵在哪？再慢，沒關係喔！大隊長我時間很多！

這兩天一夜實在好充實，晚會超級嗨，手上螢光棒一直甩一直甩，甩到手都快抽筋；夜遊的星空好美，雖然非常累，但當與大家一起看到這片星空時，一切都值得了！807，好棒！

重點整理

課室外的課程經營小祕訣

1. 讓學生自己經營活動，創造統整的能力。

2. 如同班級經營，要看到每一個小細節，要堅持學生本位，老師只在必要時協助。

3. 幫孩子找到璀璨的成果展現機會。舞台再小，孩子只要站上去，激發的動力都極大。

4. 要不經意的激發出互助、感恩、體諒等等品德，讓孩子寫下省思與沉澱，可以激發情感與態度。

5. 要持續保溫孩子的學習熱情與學習動力，投入下一個活動就是延續學習熱情的最好方法。

地上開花，
地下結果

　　什麼東西地上開花，地下結果？答案是花生。什麼東西燦爛的表相背後，也同時孕育厚實的內裡？——不只花生有這樣的特性，好的教育或教養也有這樣的特質。展現看得見的表面成就時，必然也積累了看不見的能力果實。

　　這個屬於花生田的寫作等等課程，絕不只要人看見開出的好成就，更想分享地底下厚實的支持能量與技術——這正是大人該有的！

第一章 花生田長出好文章

想讓孩子變？老師要先變

　　搭飛機飛過中台灣，俯瞰腳下的大地，一整片攤開的大地就像一大塊的拼布，深綠、淡綠、深藍、淺藍，或大或小、或方方正正、或不規則的多邊形，一路伸展直到天際。這塊多彩的平原正是台灣蔬菜的故鄉：雲林縣，而元長鄉恰好位在拼布偏西的那一區，這裡都是種菜、種花生的人家。

　　在台灣種菜、種花生，很難不和偏鄉二字畫上等號，這裡的小農田裡種著各式各樣不太經濟的蔬菜，和一畦一畦較大的花生園，寫滿辛苦和無奈。青壯人口快速外流，家庭與社區凋零老化，使得這裡的學校幾乎都成為「小」學校，全校學生總數不滿百人。也因為社區資源薄弱、文化刺激不足，學生的學習成就一直難有起色。老師們常感嘆：「這裡什麼都缺，就是花生不缺；這裡的孩子什麼遊戲都會，就是讀書不會！」

　　那一年，在一個巧合的際遇下，我走進這所學校，在校長的支持下，費了好一番功夫突破教師的心防，才能順利走進老師授課的教室。上課前，陪著老師們一課一課，扎扎實實的重新檢視那些原本耳熟能詳的課文教材，再帶著教材走進老師們上課的現場。在一堂課、一堂課的教學演示，和課後與老師的專業對話後，老師們的眼神彷彿都說著自己「第一次」看到奇

76

蹟的驚喜：「原來真的有教學方法可以一教就會呀！」

　　當老師發現重新精心設計過的課文，不只能博得孩子一臉笑容，還能點燃孩子既興奮且驕傲的眼神！當孩子興奮的發現自己居然不費吹灰之力就學會全部教材！當這樣單純的驕傲同時也讓鄉下孩子的口才都辯給起來。一下子，這一間、一間教室內的一切彷彿也都活了過來。

■ 熟悉的事物，就是最好的「亮點」教材

　　教學技巧大幅提升後，老師們開始想到：「我們這樣的偏鄉，還有什麼可以讓我們的孩子更有能力？」心隨意轉，一起念就不難發現答案。「花生是在地上開花、地下結果，仔細想想這裡面可能還真有學問呢！」

　　落花生這一蕊蕊外表不起眼的小花，莖葉底層卻能孕育香味四溢的果實！細細思量後，老師終於從花生找到合理的推想：「學區放眼一望無際的花生，當然可以是教學的幫手。孩子們就在花生田間長大，這不正是他們最拿手的生活經驗？在這麼熟悉的教學『根柢』，應該能找到孩子潛在的亮點！這花生的泥地，也該能長出孩子真正有用的能力吧！」

　　於是幾位老師邀請學生加入，一起規劃了「從田裡長出來」的課程與教學，發展出一套包括認識花生、土豆鳥之歌、土豆的厝邊、花生產品變變變等，四個前後銜接、統整各個領域的教學。這一整套課程我們稱它為「幸福花生地圖」。每個課程中，依照年級不同還設計了一些較細節的教學，例如：豆豆畫、花生寶寶繪本、回憶之學（孩子們的畢業專書）、織彩文等二十餘個學習活動。這些教學活動不只由小朋友參與命

名，每個學習小組的小朋友每週或每天都要自己設法找到時間學習。多數孩子甚至自主自動的排進回家後的「作息表」呢！

■ 一起做一定比自己做來得豐富

就拿較偏重國語領域的「土豆鳥之歌」這個課程來說吧！教學開始之前，老師要求孩子們先粗略的閱讀《黑面琵鷺之歌》這一本探討尊重生命的書。之後，再搭配一次校外教學親身體驗。

一群學生就像飛出鳥籠的小鳥，興奮的在他們熟悉的花生田裡追逐，一群一群麻雀和不知名的鳥群也跟著翩翩起舞。孩子們不像平日，不管下不下田都只是自己一個人看鳥。這回可是一大群孩子一起看鳥，那看鳥的眼光果然和每天自己所見大不相同。

這一天孩子們講出來的體會也很不一樣，透過小組在田地裡一起真實的觀察，現場輪值的小記者記錄下小朋友你一言、我一語接力式的口語表達；再集體巧心整理、修飾成精采的句子；最後參考《黑面琵鷺之歌》這本書的文章結構，組串成文章。孩子仿作的「土豆鳥之歌」，真有了「創作」的味兒，這一望無際的花生就是教學的幫手！

花生田貼近孩子的感情世界，也很容易引動濃厚的鄉土感情，一篇一篇孩子寫景、寫物、寫人的短文，輕輕鬆鬆就完成了。花生田裡的孩子第一次驚覺：「原來自己也可以是小作家！」

「在寬廣的水田裡，有好吃的蚯蚓，有美味的稻米，迎風搖曳的雜草對我微微笑，害羞的昆蟲愛和我玩躲貓貓，我展翅

迎向美麗的大地，感受水田熱情的招待。」這是小學三年級學生的文句，無論對鳥的觀察深度或對文字的駕馭，都有超齡的表現呢！

學習要有樓梯可爬，大人請先架樓梯

原來，二年級小朋友很不喜歡寫作，是因為怕寫不好而害怕寫作，一聽到要寫作就說：「老師，我不會寫」、「我不知道要寫什麼」。其他年級的孩子在試著玩花生的同時，能不能叫花生來幫忙二年級的孩子寫文章？所以這拿著花生為素材的「快樂讀寫趣」就這麼展開了。

這課程包含：圖畫日記和童詩，都運用低年級孩子最擅長的畫畫和塗塗寫寫。好一段時間，孩子們投入童詩仿寫與創作練習。不到一學期，這些二年級小朋友個個都能既畫且寫的寫「圖畫日記」，而且所寫出來的文字量也能輕易超越 120 個字，真是不簡單的二年級小孩！

事實上，為了這花生園的寫作學習，老師們還設計了三個步驟逐次進行。因為針對二年級的孩子，只要三個學習階梯就能引導孩子寫出好文章。

第一階段「用照片說故事」：要孩子從具象經驗推演抽象的文字或語言，這是入門工夫。

利用孩子在校外教學拍回來的照片，要求學生自己選定四張照片，幾個孩子一組模仿四格漫畫的格式，腦力激盪的說照片的故事。各自討論發表後，再協助孩子整理大家的說法，最

後組串成一篇至少四段（配合四張照片）的文章。

每一次討論時，孩子也會主動加入課本學過的句型和短語，老師也會提醒他們多利用最新學會的短語，所以常常有令人驚艷的小作品出現。

第二階段「串成一篇好文章」：孩子不會寫作文，一定只是漏掉一些該有的學習步驟而已！

孩子並不會隨手就能將照片組成一篇可以說故事的文章，老師當然得幫孩子找解決的辦法。老師可以選用報紙上孩子喜歡的四格漫畫當藍圖來指引孩子，例如：小亨利。老師先以漫畫故事為鷹架，讓孩子練習看圖說自己的故事。這簡簡單單的「課前暖身橋段」除了讓孩子學習段落與段落的銜接，還能豐富孩子表達的方式與效果。

在小亨利漫畫改寫作業中出現這樣的句子：

「櫃子又大又重，小亨利使出全身的力氣，但是櫃子卻還是像石頭一樣一動也不動。」

這可是二年級的孩子以前從未呈現過的豐富表達呢！在孩子的寫作課中，像這樣的驚喜一再重複出現，孩子的作品漸漸開始有了不同的風貌。

元長鄉的花生很多樣，二年級的孩子一邊把玩長相不同的花生，一邊激發創意，寫出黑金剛、花仁、紅仁這三種不同花生的描述。這些創意十足、文采非凡的描述，出自這群弱勢地區二年級孩子的表現，連老師都難以相信。方法對了，果然成效就大了。

黑金剛：「黑金剛花生愛玩魔術棒，想從肩膀變出鴿

子，不小心唸錯咒語，把自己變成黑影子。」

花仁：「花仁花生最愛在草叢玩耍，蚊子想跟他當朋友，握手的時候，叮了花生一口，花生把臉抓得一條一條。」

紅仁：「紅仁花生最愛採辣椒，把辣椒做成辣椒粉，不小心舔了一口，嗆得臉紅通通，眼淚也流下來。」

第三階段「同儕鑑賞與批改」：「教別人」才是最有效的學習。

每一個學習都需要熟練的功夫，孩子們都需要把學習內化，深化到內心的情意深處，才真正牢靠。所以，學習的最後一個環節就是要設法讓孩子讀得更多、想得更多，他們也就會不知不覺的做得更多。

設法讓孩子批改、鑑賞別人的文章，同時也一定要說出別人的精彩之處和可以修改的地方。因為能當小老師去批改別人的文章，不只會讓孩子的眼睛亮起來，還能叫孩子全心投入，突然變得特別聰明呢！

一當上小老師，不知不覺中就深讀了好多篇同儕的文章，要不熟練也難！藉著看看別人、想想自己，他們對文章有更深一層的體會，對學習果然有更深度的效果。

在「合作」中就能找到「脫困」的機會

高年級孩子的作文該寫多少字呢？四百？五百？六百？可是這裡的孩子原本都寫不滿三百字，只寫幾十字的大有人在，

文章的通順更是難求！「文字量」雖不是品質的保證，卻是能讓孩子相信自己能做到、能激發學習動力的最好工程。為求突破現狀與困境，老師設計了田園作家三部曲的課程，最後果然大大的提升學生創作的文字量，而且連寫作品質都好到教人難以置信。

■ 田園作家首部曲：串成句子

　　田園作家首部曲最簡單，還是從校外教學著手，由各班設計各自的觀察與學習重點，這麼小規模的學校，就算同一天或同地點辦理校外教學也無妨！

　　老師帶著孩子實地到花生田，透過事先的影片播放與當天的實地觀察，讓每個孩子真真實實的去觸摸操作、去觀察記錄，每個學生真正活用以前學過的「五感法」去玩創意造句。不同於中低年級孩子的單語、單句表述，五年級孩子的文字串會愈串愈長，像極了故事接龍。雖是「玩」，還是要有章法，要求孩子接龍的文句串接要語意一貫、要用詞合宜、要互相修正，可不能天馬行空亂掰一通！

■ 田園作家二部曲：組成段落

　　老師讓孩子將所造出來的句子寫下來，再將排列在桌上一句一句不同的「文句條」，以接力遊戲般的接起來。這千變萬化的排列經過大夥討論，每每還是能理出合理也合宜的文句段落。最後將這些句子串成的完整段落後再串成文章。經過接力、選擇、討論、重組，幾句不起眼的句子真能串出令人激賞的文段呢！下文便是一組五位小朋友串出的小段落：

一到花生田，又濕又滑的土，讓我差一點跌倒。

放眼望去，那花生葉隨風舞動，就像綠色的蝴蝶，到處飛舞。

炎炎太陽照射下，我的身體漸漸熱了起來。

這時，聽到灌溉水嘩啦嘩啦的聲音……

同學們衝吧！那清涼的水正等著我們呢！

■ 田園作家三部曲：織成篇章

透過孩子的小組討論，接續前階段的句子與段落的組串工夫，終於到了完成完整篇章的最後關頭：編織成一篇至少有千字的長文章。文章完成後，愛畫畫的孩子總會各自加上創意，進行版面的美化。彙總每個孩子的作品，這個班在學期結束前終於裝訂成書，他們的班書大功告成。這一整年中，五年級的每一個孩子通力合作，不管寫的是奇幻或是鄉土故事，二人一組的每個小組都不辱使命的完成一篇一篇超過五千字的「好故事」。任何一組的故事都能看出孩子的創意和筆下功夫，下文是一段奇幻故事的摘句：

兄妹倆的眼皮好像被什麼壓住似的，慢慢的睡著了！

醒來後，他們發現自己莫名其妙的飄在雲上，而這兒竟然也有一個花生工廠，裡面的小矮人有了麻煩。

他們必須協助小矮人……最後終於組成一團軍隊，全力攻打惡魔族。

……打敗了惡魔族後，沒高興多久，兄妹倆卻又被吸進了黑洞裡。

這一吸，看來又是另一個奇妙的世界。

寫過了五千字長文，算是通過一次不小的歷練。現在，不管任何一個寫作機會，這班五年級的孩子個個都能輕輕鬆鬆的寫上千字。當多數孩子都提升了寫作能力，在同儕效應下，就連班上一個輕度智障的孩子也能從原來三、四十字的寫作量成長到一、二百字。

用正確的方法和有效的引領步驟，就算只帶孩子到他們原本就熟悉的花生田，孩子的文思也能不可思議的泉湧。

孩子的「快樂書袋」在哪裡？

雨後天晴，這個班級的孩子又到花生田「接力合作」寫文章。小婕說：「花生一株株挺挺的站立著。」小靜說：「像在對我說：她是不怕風吹雨淋的衛兵。」

不同創意，不同背景的兩個腦袋，只要都願意講出自己的想法，就能合作出極佳的作品。讓「合作」成為班級教學中一定要有，而且會頻繁出現的基本技巧。只要孩子在每一回發表前，都先和組員討論一下，或在發表後要求另一方再補充或批評，「合作」的效力就能奇大無比！

再看看這些不失天真的孩子在比誰獲得的獎勵貼紙多；看看孩子為別人的文章打分數時，那一臉專注和用心，也不難窺見孩子進步的曙光。

雖然只是單純的教孩子作學習筆記，但是我們還是取了一個很炫的名字，叫「快樂書袋」。書袋不過就是一本將每頁紙

張左、右兩邊對折的活頁記事本而已。

　　教孩子在本子每頁的左邊記錄當天所讀過的名言佳句或重要資訊資料，右半邊記下自己讀過左邊佳句或資料當下所引發的迴響或創意，這樣就完成孩子自己製作的知識管理簿。這本簿子除了提供孩子每一次寫作或發表時有用的參考資料，也當成靈感的百寶箱。孩子在嚐到幾次好用的甜頭後，每人的「快樂書袋」都愈來愈大袋了。

　　不到一學期，每個人都有了八本專屬自己的書袋資料庫，有些孩子還自己重組活頁紙分門別類的裝訂呢！他們的學習和寫作世界也因此豐富了起來。

　　最後，為孩子選定一個投稿難度高的全國性刊物，鼓勵孩子「全民」投稿。有一天，好幾位小朋友跑進辦公室，喊著：「老師，我們上了！」、「我們上了！」透過團隊合作，半年內，這個全班才只有八個學生的五年級班級中，就有四個孩子的作品刊登在國語日報上。這是一個很難能可貴的成績，特別是在這樣一個很偏遠的小地方。

一片花生，一群孩子，一句又一句的串起寫作的能力。

第二章 小小孩的數學就是玩出來的

「熟悉的花生」也可以是數學助教

　　初入學的一年級的孩子，不會數數、不會看日曆、不會看時間，甚至對錢都沒什麼概念。當老師拿一個 50 元硬幣和兩個 10 元硬幣讓一年級的孩子選擇，孩子選硬幣數量較多的那一堆 20 元，而不是選額度較多的 50 元。這無關孩子的聰明與否，這只表示此地孩子的文化刺激較薄弱。

　　上課了，老師請出孩子最熟悉的花生糖協助教學。沒想到花生糖這個小小的觸媒，在數學教學中卻能發揮大大的效果！

　　因為小朋友常買，耳濡目染下，當然知道一包花生糖 50 元。老師引導孩子，自己動手將一大包 50 元的花生糖平分成 5 小包。讓孩子們討論一下各包的數量與價值是否差不多之後，孩子得各自發表自己的看法，最後，孩子很有共識的確認每一小包應該是 10 元，總共有 5 包！就這麼簡單的操作後，孩子很快便了解一個 50 元等於 5 個 10 元的事實。

　　孩子們觀念清楚了，再次讓孩子實際操作各種不同分配法的錢幣價值與計數，並準確的記錄下來，只花一小段時間，孩子就精熟各種不同數量的運算。連課程尾聲的多元評量都當成

再多給孩子們一次精熟的學習機會。

　　孩子自己討論後還設計出一小份的學習評量題目，從題目中看出這來自生活中的數學，輕易的牽引這群孩子再回到生活中去理解與應用數學。

第三章 每個角落都能長出會生活的孩子

我從門縫偷看,我孫子在寫字呢!

過去,隔代教養的阿嬤常常掛在嘴邊的是:「唉!我的孫子都不寫字,也不讀書!實在不知道該怎麼辦?」過去,只要說到寫作,不管哪個年級、哪個班的學生,也都會拉出長長的一聲嘆氣:「啊……」

而現在,孩子主動要求寫作,自己寫札記去投稿,自己規劃且控管自己的作息,生活得像個「尊貴的知識人」,隔代教養的阿嬤臉上靦腆的笑容說明這一切的轉變。

正如小豪的文章中寫的:「首先,拿出綠色顏料擠下去,瞬間就看見大自然才有的青翠。」

這學習成果連阿嬤都感受到。阿嬤又說:「老師!我從門縫偷看,我孫子在寫字呢!」原來以前不寫作業的孫子正在寫文章呢!在學生自訂的回家功課表上,孩子們每天都留一個寫文章的時段,他們稱這個寫作的功課為「回憶之學」。

農事上,老師不如老農。教學過程中老師與社區耆老合作,阿公教孩子也教老師種土豆、也教孩子觀察花生成長。當孩子發現他的阿公竟然有這等了不起的本事之後,長輩們不約

而同的感受到：「孫子看他們的眼神也很不一樣呢！」

■ 教學做對了，就能以生命牽引生命

　　另一群孩子想寫自己的書，他們努力的一起向目標邁進，整個奮鬥過程真是有意義。多數孩子家中沒有電腦，所有編輯、膳打作業都在學校完成。就算工作到累了、晚了，也都聚精會神的捨不得離去。最後一小組、一小組的孩子們都完成了自己的書，他們興奮的說：「老師，連我的家人都很羨慕我們呢！因為他們說一輩子也沒寫過自己的書。」

　　寫書的經驗倒讓他們聯想到出版自己的書，八字都還沒一撇，孩子們倒發起宏願：「如果書可以出版，我們一定要將收入捐出來幫助貧困的人。」這一群自己生活都不寬裕的孩子能講出這樣的話，怎能不叫人感動？這小小的、附加的、潛在的價值，卻是最重要的學習價值。

　　做對了教學，就能如此這般的以感動來牽引生命。這雖是小小的回饋，或許未來會產生更大的貢獻呢！

非做不可的教學經營五策略

　　原來，不論是「花生園寫作三個步驟」、「田園作家三部曲」或是「花生田裡的數學」，找到循序漸進的方法，寫作就和所有學習一樣，都能打團體戰。讓兩個學生一起合作學習，讓幾個小組一起實際動手去做，效果一定好過一個人孤單提筆的單打獨鬥。讓一整個班分組學習時，老師的教學步驟與班級經營策略一定得改變，才能提升成效。整理前述課程進行的

步驟，不難看出，想要發生這樣的好成效就一定要有的經營方法，大約不脫下述這五策略。

第一個策略～接力合作：「一起」閱讀的那片風景，一定比那原來的風景精采。

第二個策略～即時激勵：激勵要多樣且要即時，就算是小小獎勵貼紙，也會是大力丸。

第三個策略～同儕互動：只要孩子當家，不論是分組討論、參與規劃、小小評審，都會有神效。

第四個策略～知識管理：教會學生自己記錄，管理自己所學過的知識和自己曾現出的創意，幫孩子去成就自己。

第五個策略～明定目標願景：投稿、製作班書……畫下一個一個能達成的清晰願景去追求，這些目標就像童話故事裡的麵包屑，會逐步帶領孩子成功。

教材不過就只是素材，大人該問這素材能鍛鍊孩子什麼有用的能力！

「基本工具能力，是這花生田的課程與教學能長出閱讀、寫作、數學等等表達與邏輯思考能力的先決條件。」老師帶領孩子走進花生田，不一定都會讓花生田裡長出課程！大多數時候，老師與孩子的花生田還是只能長出花生，關鍵就在教學者是否看到了基本工具能力的重要與必須！

否則老師確然不如老農，孩子何必上學？種花生，何必要老師教導？家長自己教導不是更合適？上學的目標如果就只是種花生，不管基本工具能力，孩子如何突破他生命困境？如何

超越他所成長的背景？

　　當前，部分教育人一窩蜂的追求教學活潑，強調在孩子「喜歡」的前提下學習。所以，不少教學者帶著孩子去騎單車、去打棒球、去追逐蝴蝶、去溯溪、去跳八家將。幾年下來，孩子球可能打好了、車可能騎帥了，也可能成了田野、溪流達人，但是還是不能讀、不能寫、不能算。這樣不完整的學習，不只耽誤孩子，也耽誤家長與社會呀！

　　花生田或騎車、採蝶，都只是學習媒材，是生活中找來的學習素材；是「近山吃山，近水吃水」的生活素材；是讓孩子能將知識堅固的黏上生命的素材。這樣的素材，方便孩子每天一張開眼睛就看到那一片學習印記、想起隨之而來的那一切學習，孩子時時刻刻就都沉溺在深刻的複習裡。學習變得親近貼身，學好，才容易！

　　的確！教學成功的因素不只是教學與素材的外貌，而是做下去的當下那每一個細節與用心的設計。

第3篇

你的教材
決定你的教學

　　孩子學不會，大部分的原因出在教學，而教學的好壞，則可以從教材上略窺一二。孩子所處的環境千差萬別，能與孩子的現實生活產生連結的教材自然也千差萬別。一個好老師想要在教學上求精進，就不能不鍛鍊教材的重新整理，以及為孩子架學習階梯的硬功夫。

　　再者，耐心等候孩子對提問的反應，讓孩子以遊戲的角度學習，這些真是給孩子最棒的禮物。試問一個正在動腦解決問題的孩子，怎麼可能會在課堂中放空變成學習的「客人」呢？一個所有孩子都在動腦的班級，應該也不容易拖慢教學進度吧！

　　本篇試圖以一些教學案例提供教學者參考，不管是暖身活動的設計，或是讓孩子親身體驗、動腦思考、再三複習的技巧，都可在這些範例中看見。

第一章 一堂有別於傳統的讀寫教學觀察

走進教室做觀察，心得最實用

身為教師，您清楚知道自己教學的盲點嗎？您有機會讓同儕觀摩教學嗎？願意讓專家學者進班觀察自己的教學嗎？

教育現場，其實是個稍嫌封閉的世界，現況就是直到今日，學生還是被動的學習者。當學習成效不彰時，老師或家長總是輕易的歸責學生「不用功、天資差」，但這些原因卻也模糊了教師的教學責任。

「責任扭曲」的環境無意間誤導了教師，傳統的老師自視甚高、責任甚少，結果就是教學被關進象牙塔，難有進步！二十一世代，高漲的民主意識又讓「教師的教學自主權」水漲船高。沉浸在自己教學王國中的老師，更是凜然不可侵犯，自行搭建的王國城牆也更難翻越。這高高的城牆影響到的不只是莘莘學子，也反噬了教師賴以生存的「專業」。

一間雲林的小型學校有機會做了一些教學觀察，我以比較長的時間進班觀察老師們的教學。第一天，學校的七位教師（六位班級導師及一位科任教師）各安排一堂課的教學觀摩，因此沒有課的教師就依自己方便的時間隨班參與。每堂課都由

原來任課的教師先教，我再適時接手協同教學，並且在那一節的休息下課時間，立即進行幾位觀課老師間的專業對話與回饋。這一天，每位教師都受到不小的震撼，也都經歷了一場幾乎顛覆自己多年教學模式的教學。

答案一定要由學生的口中說出來

經常聽教師們說：「該教的都教了，還是不會，問了也都不會答。」

可是，到底是學生會的東西不符合老師心中的答案，還是真的不會。老師曾經把學生的想法當想法了嗎？真正看到學生當下思考方向的是非對否嗎？真的試圖建構一道正確的「學習階梯」，引領孩子攀爬上來嗎？還是一味不自知的、不經深思熟慮的製造一些不該有的「跳躍式的學習障礙」去卡住學生？傳統教學以教師為王，學生只是聽命的兵，通常只能聽令行事。這個模式下，老師的心中通常都有特定的「標準答案」，就難免有意無意的忽略學生的想法與多元答案。

在教學的當下，無論學生的每個回答有多麼粗糙、如何簡略，老師最該做的，是一再引導孩子自己修飾自己的說法；引導學生一再擴張自己的說法；或引導孩子衍生他自己的想法。當學生的口中幸運的迸出答案的關鍵語詞時，即使只是沾上一點邊，也得毫不吝嗇的用「誇張的讚賞語彙」誇讚孩子的答案。因為，正確的說法一定要由學生的口中說出來。

老師要讓孩子精準的扣緊教材內容，並且將孩子的說法歸納出來，必要時可運用各種顏色的粉筆，一圈一圈的摘要、記

錄在黑板上,這串小動作每每都能激發出孩子眼中的光彩。

「學生本位」的教學,就是將教室與教學的主角還給孩子。這不代表老師角色不再吃重,老師還是教室中唯一領薪水的人。所以課前精緻的教材設計,課中技巧性的引導與提問,全程想盡辦法讓學生不知不覺的「不學而學」,絕對是老師的工作。老師只是從「講台上」轉入「講台下」,甚至轉進「地下」而已!角色同樣吃重。

「耐心提問」與「等待」是給學生最棒的禮物

通常教學時,我們每丟出一個問題,留給學生思考的時間恐怕都不會超過幾秒鐘。問答就像賽跑一樣的在比速度快慢,但好的學習需要思考,這樣的時間能鼓勵學生思考嗎?

老師恐怕不盡然瞭解,學生的小腦袋裡要經歷多少思考程序才能回答問題!短短的三、五秒鐘足夠嗎?

在教學觀摩中,我們開始依照提問的難易度,留時間給學生自己思考或與小組討論後再作答。當發現學生無法作答時,就不斷嘗試調降題目的難度,或要求其他同學幫忙救援補充。在充分的時間思考與表達練習中,孩子的小腦袋似乎都能動個不停。下課前,從學生興奮的表情,很容易可以看出,幾乎每個學生都學會課堂上的所有內容。甚至多數時候,每個孩子都已將整篇課文記在腦海中呢!

好的教學不需要「死背」教材,但我也常說:「讓孩子一不小心就背起來,沒什麼不好!如果輕輕鬆鬆就能精熟,孩子當然喜歡學習!」能讓學生「滿腹經綸」當然是極佳的學習助

力呀！當學生每一堂課都覺得自己真的學會，覺得自己了不起，學習信心當然就來了，教學效果自然顯著。

前一個題目牽引出下一個題目，組織嚴謹的問題群與幾輪題組的問答後，孩子們幾乎都能將這幾個題目的答案串出一整段的課文！在連串答案的整理聲中下課，每個孩子果真都將一整課的課文裝進小腦袋。「下課，敬禮」，聲音才落下，一群興奮的孩子衝上講台，七嘴八舌的吵著要背書給老師聽，每個孩子臉上的期待和熱烈寫滿了學習的熱情。

「問答式」的對話是最精采的教學互動。在互動的對話中，老師一定要學會「等待」，不該在這個環節計較「教學進度」。「等待」是教師該給學生的最棒禮物。老師要藉著設計過的題組，由淺而深的提問，降低學生回答的難度。也要機動的調整問答的時間長短，充分提供動腦的時間和空間。

在提問過程中，假如能適時邀請第三人協助或補充，不只能加深互動的趣味，也能加深孩子的思考深度。總之，老師與學生一起來改變「反射性的問與答」的老習慣，多一點時間熟練完整的思考，能夠發展出多元思考與創意能力，教學進度說不定反而快了起來。

從孩子口中引出的素材，是最好的教材

第三堂的教學觀摩是作文教學，主題為「爬山」，任課老師先利用學生校外教學的爬山經歷來引發學習動機。接著將「校外教學」七大項內容做有系統的整理，包括時間、地點、人物、天氣、心情、風景、做什麼事。這的確是很棒的開場。

但受限於課文內容及上課時間，教學者仍然只是形式上聽聽學生的答話而已，每個題目都快問快答。多數提問的答案或說法還是老師自己事先預想的，而不是真正由學生口中說出答案。老師「習慣性不由自主的」忽略現場的學生，也忽略更多可能成為好素材的「學生的真心話」。一整節課，不斷累積這種成效不彰的經驗表達，想要學生跳脫千篇一律單調的、刻板的寫作很難。事實上，就連口語表達都不容易學好。

　　我接手這堂課後，很快速的用一串問題問過七、八位學生，並將學生的即時發表都摘要式的記上黑板。請學生自己兜攏這幾句話，就幾乎組串出一篇可用來仿作的「素材」。在學生你一言、我一語興高采烈的小組討論中，很快的，每一位學生都仿作出豐富多變的文章。

　　前、後兩種教學進行的流程幾乎都一樣，只在孩子回答提問後的資料該怎麼整理有微小的差別。也就是在整理學生的答案時更有技巧，讓學生都有「被採用」的喜悅與成就感。也讓孩子的想法和說法都有機會一再被修飾得更豐富。這一點微小的差異卻展現出極大的效果！

　　將學習的主要工作還給孩子，果然重要！只是「還給孩子」這工作要有善巧的本事，這本事看似容易，做起來卻頗有難度。真是知易行難呀！

第二章 **數理的學習，
少一點公式更好**

任何學習都不需要太多公式

教學觀摩的下一堂，是中年級數學課，孩子要學習分數。

任課老師用「半圓」、「四分之一圓」兩片教具板，卯盡全力要孩子學會分數。孩子很配合，也能清楚辨識每一塊板塊所代表的分數。

一晃神我又想起分數學習中不少孩子會犯的錯：孩子會算 1/4 + 2/4 = 3/8。不知道今天的教學中，這位老師能不能找到避免孩子犯這個錯的根本原因？果然一如預期，老師半節課的教學完全沒處理這個分數教學的關鍵盲點。我看我還是得快快接手上課了。

這堂課一定要設法讓觀課老師能看出：如何引導學生明白分數的核心概念，也避免混淆分數和整數的運算，而且一定要讓老師們看到突破傳統教法的教學成效！

以下是我摘要記錄這堂課的教學流程，比較容易細緻的看出教學的設計。

分數的教學

1. 老師發給每個學生二張 A4 的廢紙,老師在黑板寫上 1 的大數字(張紙)。

2. 要學生拿其中一張紙「對折」割開,其中在割開的半張寫上 1/2。另一半張留白不寫字。

   老師在黑板寫上 1/2 大數字(寫在 1 的旁邊)。

3. 問學生:桌上總共幾張「1/2」?多少張加起來＝1 張。

   再問:多少個「1/2」會＝1(要求學生自己動手將 1/2 的兩張紙片拼回原來那一張 A4,看看多少張 1/2 可以拼成 1 張)

   老師在黑板的 1 旁邊,寫上 2 個 1/2。

   學生自然知道 1/2 ＋ 1/2 ＝ 1

4. 要求學生一起將割開的另一個留白半張(1/2)再「對折」割開,割開的一個小半張寫上 1/4。

   另一半的小半張留白不寫字。

   老師在黑板寫上 1/4(寫在 1/2 的下方)。

5. 問學生:總共幾張「1/4」＝ 1/2 張?

   再問:幾個「1/4」＝ 1 ?

   老師在黑板的 1/2 下方,再寫個 1/4。

   學生知道兩個 1/4 ＋ 1/4 ＝ 1/2

   再問學生:總共幾張「1/4」＝ 1 張?

   再問:幾個「1/4」＝ 1 ?

   (要學生將 1/4 的小紙片拼回那 1/2 張的紙片,再看多少張 1/4 可以拼成原來那一張 A4 紙)

在另個 1/2 下方，老師再寫兩個 1/4。共有三層分數了，
學生知道 1/4 ＋ 1/4 ＋ 1/4 ＋ 1/4 ＝ 1

6. 如法炮製 1/8、1/16，學生發現愈細分，紙張愈小，價值
   也愈小。原來分母愈大數值愈小！

7. 接著學生一小組，一小組的組裝各種大小不一的小紙
   片，並用分數的加法，記錄下各種大小的比較與加總的
   運算式。

8. 這樣一口氣建立了分數的「量感」，同時也打下學生對
   分數加、減、通分的基礎。

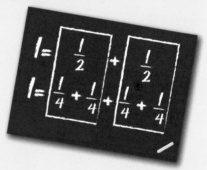

■ 架一把從具體到抽象的樓梯，讓孩子拾級而上

這下子，每一個小組都玩了十餘題分數「大小比較」與「加法運算」，沒有任何一個孩子算錯。有些小組甚至能自己發現異分母的分數，只要再切割得細一些，還是有辦法加起來。看來孩子已不知不覺超前進度，跨進「通分」的學習單元了。

這半堂教學的進度遠遠超過一般老師的兩週進度，更重要是孩子觀念清楚，運算熟練。原因正是因為全程都由他們自己動手、動腦，而且由具體的紙張裁切到抽象的數學式連結，孩子是一台階、一台階拾級而上的熟練，果然牢靠。

■ 忍住不教，讓孩子先發現困難再教

教學技巧，常常差之毫釐就會失之千里，就以這個裁紙的「分數教學」來說：通常老師會先教孩子「如何對摺」，但這一習慣性的「先教了」卻會讓孩子難以發展出「解決問題的能力」。為什麼呢？

許多習慣不是「教」來的而是「潛移默化」來的。要孩子理解「每個人都可能有不同的想法或做法，但也可能都是對的」，用講的絕對不如用體驗的好。在教學過程與教室情境中，讓孩子感受到「原來他這樣摺也可以喔」，更有機會養成這種更重要的人文素養！

如果老師不先教孩子「如何對摺」，放任孩子各自嘗試，說不定有額外的收穫，例如：有機會發現某位孩子的數學不好，原因反而是語文能力不足，這孩子可能不明白「對摺、摺成半張」是什麼意思？重要的是：一定有機會發現孩子摺出來

的「半張」紙，不全然都是「矮胖」的四方形，也有「瘦長」的，還可能有人摺出三角形的呢！最後，當要孩子說說自己的操作理由時，孩子們這才會發現：儘管形狀不同，但每個人摺出來的也都是正確的摺法。

「看得見別人、體貼別人」，這重要的生活素養無形中就種下種子了。

而當孩子繼續摺出更小張的 1/4、 1/8 時，每一個孩子或每一組孩子需要解決的難題樣態就更多了。孩子開始解決自己的難題，就有機會跳脫只是單純模仿的低階學習。

不只是數學，幾乎所有學科都有「統一的教法」，教一種解題方法或做法去應付一種問題。這是很根深柢固的傳統教學習慣。教學者怕放手，不敢讓孩子自己嘗試，所以總想先教會孩子每個教材的細節，深怕漏掉什麼似的。集體的授課似乎很難避免統一的教學，可是細想：這樣的「先教會」，再讓學生依樣畫葫蘆的複習，不會讓學生失去了嘗試的機會嗎？孩子這樣學，學到的東西不只虛浮不實，也極少彈性。我們會不會在不知不覺中，阻斷孩子鍛鍊「探索、解決問題」所需的高階能力？

教師在授課前，或在孩子學習前，如果能讓學生先依照自己的想法去閱讀教材或嘗試理解，讓孩子練習去找出自己所「不會」的地方，或自己整理出教材的大概意思、或看懂教材的結構，甚或找重點，孩子就能直接面對「陌生的」知識或素材，真正做到「困而後學」，學得深，效果也會更大！孩子在學習中不斷的累積「面對陌生」的經驗，他未來一生面對「陌生的困境」時，將不再手足無措。

相同道理，老師能重新認識教材、能跳脫自己以前的刻板認知，重新發現教材的亮點或盲點，準備有深度的教材，也是「困而後教」。上課效果也必然提升甚大。

■ 教學技巧永遠有更高的巔峰值得追求

這堂課結束，全班孩子不只認同也完全理解了：分數只要「分子」為 1 或比「分母」小，這分數的「值」就不可能比 1 還大。化解「總量與分量的迷思」，正是這兩張 A4 廢紙的最大效能。孩子很傷腦筋的分數，就這樣輕鬆過關。

在場邊與觀課老師對話時，分享這段教學的層次，大家都說：「教學效能因教法不同，果然大有差異。」的確是，以分數教學來說，不同的教法就會發生高下懸殊的學習效能。我將差異之處略分四級，成效可差得多呢！

第一級：只教孩子背下口訣。例如「分子加分子，分母不相加」或「分母越大，分數越小」。這種公式化的「背誦」教學，恐怕連初級成效都談不上，多數孩子釐不清楚真正意思，就算背起來也只有短期效能，半年後又混淆不清了。

第二級：能運用一張 A4 的廢紙或其他教具示範。這就具體了，學生能看到、也摸到的「教學教具」有初級的教學效力。多數孩子有機會因此而印象深刻，最後真的記住了。但「分數的意義」還是模糊不清！

第三級：運用一張 A4 廢紙或其他教具，不只示範，還讓孩子「動手操作」，學生自己找到分數的邏輯關係。這教學效能高些了，多數孩子有機會了解分數的「意義」而真正能自己運算。

　　第四級：運用「二張」A4廢紙，讓孩子有機會將切分的小紙片，真正自己動手「比對」那張完整的「一張」廢紙，去體會「1」的總量觀念與「分數」的分量的差異。這讓孩子回到分數知識的最根本源頭，是功力最高的操作性教學。多數孩子因此徹底理解分數的意義，更有自己延伸學習的能力。顯然，教學技巧永遠有另一座更高的山值得追求。

■ 學生要建構「自己的樓梯」逐步爬到「知識的峰頂」

　　連大人都可能傷透腦筋的國中方程式數學，同樣用「二張」A4廢紙，也會有神奇的教學效果。靠著這簡單的二張紙，學生就能輕鬆理解「乘法公式」與「分配律、交換律、結合律」等各項學習。

　　長久以來，傳統刻板的教學流於只重視教導公式或快速解題法，再讓學生寫很多長得很相似的練習題。坦白說，這只不過是另一種型態的「背誦」而已！說到將數學「背起來」，再外行的人都知道那不是一種有效的學習。但這樣的學習模式卻幾十年未改變，倒不是教育現場真的顢頇到無可救藥，而是數學學習的確需要「熟練」的能力，這熟練與背誦也就常常混淆不清了。

　　數理學科該熟練的是思考的邏輯能力、是尋找規律的能力、是看懂題意的能力。要從基本概念去有系統的建構知識架構，再從自己建立起來的學習地圖，找到自己的解題方法。這些能力可應付千變萬化的題型；這些能力不可能仰賴快速解題與背誦公式獲得！

　　學生不打好基礎，學習便無法回到知識的源頭去想清楚，

光想靠記住公式、光學會快速計算，一段時日過後，公式還是很快就會忘了。就算僥倖沒忘記，快速解題的公式也只能應付特定的題型，除非背他千萬個公式呀！數學、科學學科的學習都不該是這種樣子。

不只數理學科，每一門學習都要努力引導孩子回到「知識的源頭」，引導學生「自己」建構「自己的樓梯」，逐步爬到「知識的峰頂」。最後，希望學生能自己發現：知識雖然枝節，但卻不再支離破碎。當他們有能力攤開自己的知識地圖時，再粗糙的知識架構，再枝節的繁瑣知識，在孩子能輕易帶走的能力之下，都能務實致用了。

教材案例

國中乘法公式中的「二張 A4 廢紙」

這是一個「二張」A4 廢紙（多環保呀！）運用在國中數學「乘法公式」教學簡案。

1. 發給學生每人二張 A4 紙，要學生各裁切成同樣大小的正方形紙。

2. 要學生將其中一張至多摺兩次，摺出大小不一定相等的四個矩形（其中應有兩個正方形）。（摺線要與任一邊平行，摺線與邊的距離大小不拘，兩摺的邊距最好不要相同）

3. 標示大、小兩段邊距的長度為 a、b。（長邊 a 可以是全長或邊距，各組可以不同）

4. 提問一：包括這 4 個清楚可見的矩形（含兩個正方形），這張紙的這兩摺，總共可摺出幾個矩形？

5. 提問二：用 a、b、a ＋ b 等邊長標示，算出所有不同的矩形面積。（至少要含全張的大正方形共 3 個正方形）

6. 提問三：全張大正方形的面積，等於哪幾個矩形面積和？有幾種可能的組合？

7. 提問四：各種不同的組合能看出什麼相同的結果或規律嗎？

最後總該有某一小組學生發現乘法公式：

$(a + b)^2 = a^2 + 2ab + b^2$

$(a - b)^2 = a^2 - 2ab + b^2$

原來這個公式是面積得來的。

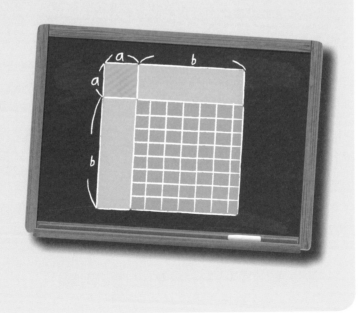

「討論、自己動手、動腦、關注細節、找出系統」形成學習地圖，是學好的保證。

教材案例

一篇方便分組討論的 國中教學設計

▶第二冊 2-2 二元一次方程式的圖形教學設計說明

對於國一學生而言，座標和座標上的直線都還是「抽象」的，是困難的。老師雖然習以為常的教：「兩點成一直線」、「線是由無限多個點組成」這兩個概念，但對孩子來說卻都很陌生，更何況要討論更抽象的「線的意義與推論」。

所以，教學的暖身活動例題最好不選用「教室座位」，而是利用校園地圖或是學區地圖，因為生活中的地圖意義與推論明顯多了！人們理所當然的問：「從廟口到火車站的距離有多遠」，但不會有人在教室裡問：「張生到李生的距離有多長」。先接受「距離」的概念，「直線」就很容易親近了。雖然地圖是極佳的生活題，但因為各校學區不同，作為全國性教材的課本就很難選社區地圖當暖身例題，但老師的教學設計卻沒有這樣的困擾，當然可以自由調整。

如果學生對於「線是由無線多個點組成」產生困惑，請用逐漸「變密」的虛線去變成直線（……）以喚起孩子的抽象能力。這雖然是枝節的小工作，但可以讓不少孩子減少困惑與不解。

至於「兩點成一直線」的具象化就更簡單了，只要給一隻「大尺」和「一個點、兩個點、三個點」，讓學生自己到黑板上利用這幾個點畫直線，動手操作很容易就能明瞭。

　　學好數學的關鍵在：老師少教一些，多放手給孩子，讓學生自己動手。不管是動手也罷、討論也罷、亂講也罷！只要講的內容與學習單元是有關的，一定都比單純的坐在教室「聽講」效果好。

　　以下教學設計即以學生為主角，操作時自然應掌握「學生為主角」的原則。以下簡要說明「設計的主要考量」，其中以第三點的「整理出線的三種類型」為要。將教材「極簡」的系統化非常重要，「極簡化、系統化」，孩子就不會在成千上萬的題目中昏頭轉向。加上教學時能讓孩子自己去發現「系統」，讓學生自己在腦海中形成「學習地圖」，學習就簡單多了。

▶教學設計主要考量

一、因要提供學生討論，布題題數不宜太多。每次討論，只給一題。課本練習題最後留給學生自行熟練之用。

二、座標與方程式是不同的數學語言，雖然表達相同內容，但用途卻各有所長，宜嫻熟互用。

三、一次方程式的線型統整成「水平垂直、左右斜、過不過原點」三種類型，搭配各型題組讓學生自行判別。

四、教學可由 x＝c、y＝c 的「水平垂直」這一型入手，因只有一個變數，應較容易找出規律。

五、每一題組都盡力讓學生學習「發現問題、思考規律、形成數學語言、學會判讀」等學習程序。

六、宜容許學生有不同的回答方式，最後再導入正確的方程式語言。

七、有關點與點、線與點的距離等延伸問題，利用教學中穿插提問，再由學生自行解決即可。

八、初階以討論「找到點→畫出線→找出方程式」的學習
　　模組為主。

　　但是課本習題較多的是「從方程式→找到點→畫成線」模
式，這一型不難，多做就熟練。

　　較難的是「從點→找出方程式→畫成線」這一型，可當成
延伸教學的設計。

　　（受限教學時間，暖身例題後都可選擇性教學。但學生的
自行探討則不宜侷限。）

九、一般說來，線型能提供「趨勢預測」，只要再延伸提
問，配合學生生活應用問題的討論即可。

▶暖身活動一：熟習座標的標示與相互關係

　　前一節已學會用「座標」表示教室裡的座位。例如：第二
排第三個以座標（2，3）表示。今天再玩個遊戲，目標要全
班學生都能學會、寫得出來座標的標示，而且能明白座標的
意義。遊戲規則如下：

　　1. 老師隨機抽點一位同學站起來報出自己的座標。

　　2. 第一位同學站起來，抽點第二位同學，同樣要報座標。
兩座位的位置須在同一直線上。

　　3. 第二位同學抽點第三位同學（須在同一直線上），在黑
板座標上標記三人（含自己）的座標。

　　4. 最先完成的三人組獲勝。

　　5. 老師可同時點出兩個「第一位同學」，分兩組開始競
賽。（先以單組練習，最後三組賽亦無妨。）

　　PS. 也可視狀況添加「每兩座標點之間要等距離」等附加條

件，加深學習深度。

【圖一】

	第一行	第二行	第三行	第四行	第五行	第六行
第六列						
第五列						
第四列						
第三列						
第二列						
第一列						

> 操作說明：圖表宜由參與學生填寫，如果是在黑板上共同填寫，也可由各組派員負責填寫，並相互評定對錯。操作方式的改變也能增加趣味性。

A. 三大類型「找點→畫直線→寫出方程式」的教材設計

教學目標說明

利用畫線，先探討座標圖與各種直線所可能呈現的「系統規律」。

1. 了解座標點上的各線與點。

2. 看出各種線的規律與系統分類。

題組一:「水平或垂直」線型的方程式(「畫線→找點→尋找規律,導出方程式」)

請拿出一平面座標圖紙,

1. 在座標圖上可畫出很多不同的直線。以座標軸與原點的角度看,大約能分為哪幾類型的直線?

2. 座標平面上畫出與 x 軸水平或垂直的兩條直線,最好與 x 或 y 軸交叉在一個整數點上。

   請在水平或垂直的直線上,至少標出兩個不同「點」的座標。

   可以再找出更多點嗎?這些「點」的座標有何相同的地方(特質)?這共有的規律(特質)可以用一個方程式表示嗎?請寫出方程式。

3. 請再劃出不與 x 或 y 軸平行的兩條不同直線(左斜、右斜各一條),並標出直線上至少兩個不同「點」的座標。

   請多找出幾個點?思考這些「點」的座標有何相同的地方(特質)?

※ 第 3 題各點的規律就很難看出來了吧?用方程式表示也很不容易。

設計說明:

　　非水平或垂直線上,各點座標的相同特質較難看出,形成方程式不容易。

　　反過來直接先由「已知兩點、三點的相同特質找出過原點的直線方程式」(過原點則常數項為 0),較容易看出規

律、導出方程式。

　並探索左斜、右斜直線所代表的方程式，其分別具有的共同特質。

題組二：「過原點」右斜或左斜線型與其方程式（「點→畫線→找規律，導出方程式」）

1. 請標出 A（2，2）、B（7，7）兩點座標，並找出 1 個 P 點，使 A、B、P 三點在一直線上。
2. 請標出 A（2，－2）、B（－7，7）兩點座標，與 1 個 P 點，使 A、B、P 三點在一直線上。
3. 請討論前面 1、2 兩題每個題目（座標上）各點之間共有的規律（特質）？可以各用一個方程式表示嗎？請寫出方程式。
4. 請在 1、2 兩題劃出的直線上，各選一個最有特點的 R 點座標，並說明 R 的特點。

題組三：「不過原點」右斜或左斜線型與其方程式。（「方程式→點座標→畫線→找規律」）

1. 「題組二」第 3 題所產生的兩方程式，如加上常數項，可嘗試畫出新的直線嗎？
   這新直線和原來的直線有何不同？所有具有常數項的方程式劃出的線都有同樣特質嗎？
2. 改變「題組二」第 3 題所產生的兩方程式 x 或 y 的係數，嘗試畫出新的直線。

新線和原來的直線有何關係？（如果改變「基本題組一」的係數，會有什麼結果？）

綜合各組畫出的直線，能討論出什麼規律嗎？

3. 改變本題組第 1 題所產生的兩方程式 x 或 y 的係數，嘗試畫出新的直線？

新線和原來的直線有何關係？

歸納與熟練的練習（「點→方程式→畫線」）

1. 請利用前面各題的經驗，想想要在座標上畫一條直線，至少需要幾個座標點？

   透過「題組一、二、三」各題不同方程式座標圖，「方程式」與「畫出的直線」有何規律？

2. 能直接由線上的兩點的座標，導出那條直線的方程式嗎？例如：A（3，5）、B（−2，−4）

3. 打開課本，看各練習題的座標線分別屬於「基本題組一、二、三」的哪一個典型？

   此時各小組應該有能力完成各練習題了。

B. 另一種教學設計：「畫三大類型直線→找點→寫出方程式」的教材設計

教學目標說明

利用畫線，先探討座標圖與各種直線所可能呈現的「系統規律」。

1. 了解座標點上的各線與點。

2.看出各種線的規律與系統分類。

題組：「三類線型」的方程式（「畫直線→找出點→尋找規律，導出方程式」）

下表為

0. 座標圖上可畫很多不同直線。以座標軸與原點的角度看，大約能分為哪幾類型的直線？

1. 座標平面上畫出與 x 軸水平或垂直的兩條直線，最好與 x 或 y 軸交叉在一個整數點上。

   請在這兩條水平或垂直直線上，至少標出兩個不同「點」的座標。

   可以再找出更多點嗎？這些「點」的座標有何相同的地方（特質）？

   這共有的規律（特質）可以用一個方程式表示嗎？請寫出方程式。

2. 請過原點，畫出不與 x 或 y 軸平行的兩條直線（左斜、右斜各一條），標出線上至少兩「點」座標。

3. 請不過原點，畫出不與 x 或 y 軸平行的兩條直線（左斜、右斜各一條），標出線上至少兩「點」座標。

   PS.可多找出幾個點？思考這些「點」的座標有何相同的地方（特質）？

※ 第 3 題各點的規律就很難看出來了吧？用方程式表示也很不容易。請找出好方法寫出方程式。

附帶說明：

1. 水平或垂直軸線的方程式較易看出規律。

2. 非水平或垂直線各點座標較難看出，形成方程式不容易。

3. 如果直接先由「已知兩點、三點的相同特質找出過原點的直線方程式」（過原點則常數項為 0，較容易看出規律導出方程式），自然也能循序探索左斜、右斜直線所代表的方程式各具的特質。

【圖二】教案使用的方格圖

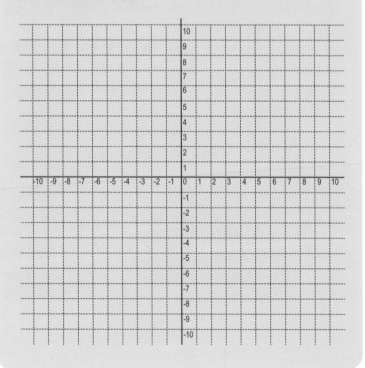

教材案例

教學進度實在只會快不會慢
1條小繩和1張大桌墊：話說周長與面積

▶基本概念靠體驗實證工夫理解

愈是基本的數學名詞或運算，愈是說不清楚，教學時怎麼說清楚「列式、面積、等值分數」，怎麼教清楚「二位數以上的乘法、異分母的加減乘除」？這些大人耳熟能詳的素材，常常困擾著孩子，只因大人太習以為常了，以致於毫無察覺罷了。

我們就來談談面積吧！「四個邊圍起來的大小就是面積」，大抵就是一般大人理所當然的解釋方法。可是，這樣解釋面積，和「周長」又有何不同？「周長」不也是「四個邊圍起來的大小」嗎？

認真的老師繼續努力加油添醋的修飾，可是大半的結果是「愈描愈黑」、愈說愈糊塗。這樣的文字遊戲對孩子的理解少有助益，通常是徒增挫折而已。本就難以說清楚的基本概念，或許採「體驗」的實證工夫較能有助於了解。就算學習者一時間無法用語言解說清楚，那「體驗實證」得來的理解，還能「就是這樣」的打好孩子的學習地基。

但體驗教學還是要有點本事。老師得先「極簡化」教材的核心概念，找到核心意涵，而且在教學上千萬得聚焦，這「自主、深度」的體驗才能有效果。如果只是讓學生胡亂的玩，就美其名為體驗教學，恐怕會落得好玩過後，什麼都沒能學好的下場。

▶一條繩子圍繞桌子，大墊板蓋滿整個桌面

　　小學數學課本將「周長、面積」的教材分別編輯成前後兩個單元，老師教學向來只照著課本，一單元教完再教下一單元。「周長、面積」一分為二，對學習者無意間造成不小的混淆，教師卻鮮少發現。如果膽子大一些，將這兩單元「同時教」，學習者藉著相互對照，相互比較「周長、面積」的差異，應該更容易學會。

　　教學者的課前準備工夫下得深，就能清楚「周長，是可以串接的一條線」，「面積卻是可覆蓋的一塊面」，「一條線、一塊面」意義上的差別，正是「周長、面積」的核心意涵。簡化的核心概念確認後，找個學生生活經驗上常見或常碰觸的經驗素材舉例，孩子操作過親切的生活素材後，常能加深體驗的成果，大大降低理解的難度。

　　「繩索、桌面」是學生每天都會碰觸的東西。「用一條繩子圍繞桌子邊緣一圈，這圍起來的繩線長度，就是周長」，請孩子用丈量的動作去理解周長。

拿出繩子就能好好計算周長。

拿起蓋滿整個桌面的「大墊板」，孩子輕鬆了解墊板大小正是桌面的面積。這和周長的那一條線，差得可多了！

丈量分享的過程中，有些學生靠丈量桌子四邊實際的尺寸，加總出那一整段小繩子的長度。有些用「四邊加起來」；有些人採取「長與寬相加，再放大兩倍」；「兩倍的長，加上兩倍的寬」，也大有人在。用這幾種不同的方法算出周長後，這周長的公式不背也已經會了！

▶公尺 × 公尺＝公尺？

教學的另一項重點工作，是預測教材中的困難點，再設法解決這「難點」。多數人很難想像面積的單位「平方公尺或平方公分」會是這教材的難點！因為這麼基本的「單位量」，實在很難解釋清楚。

「困而後學、困而後教」，這面積單位或許正是個動腦的好機會。先讓學生算算：「邊長 1 公尺的正方形紙張，面積是多少？」這比算 3、4、5 公尺邊長的矩形或正方形面積要困難多了！讓孩子胡亂說出自己的答案吧！這胡說的答案正

好可以讓孩子自己去面對「平方公尺」那說不清楚的意涵。「說不清楚」總能逼迫孩子好好的動腦筋！

聰明的孩子還可能答出「面積是 1 公尺」的錯誤答案。老師只要拿一條一公尺的繩索，讓孩子去比較，「1 張大紙的面積和 1 條小繩當然不會相等」，孩子的錯誤不言可喻。可是明明：$1 \times 1 = 1$ 呀！孩子慢慢想通了：「公尺 $\times$ 公尺 = 公尺」的確沒道理。這兩個公尺相乘後的單位，就該給個全新的名字，才能區別「1 張大紙和 1 條小繩」的 1 所代表的不同意義。這說不清楚的全新單位，專家稱它「平方公尺」，這體驗可就明白了。

玩畢 1 條小繩、1 張桌子、1 塊墊板，孩子們再度打開課本，幾乎就能自己一口氣解決這兩個單元的所有練習題了。

這一堂課他們兩個單元都學會了，教學進度算是超快的，正好讓最擔心延誤教學進度的傳統老師釋懷。傳統教學者拚命教完課本的每個題目，就算少數孩子鸚鵡般的跟會了，但多數孩子早早就被拋下學習列車，這趟上進度的教學到底效用何在？真是不解！

其實就算是「鸚鵡般學會」的孩子，一旦真的面臨了陌生考題，也幾乎沒轍。這般「開著空列車抵達終點」，實在不能稱為教學進度呀！教學者能落實這三件事：「極簡的釐清教材核心意涵；設計與生活連結的操作例題；解決學習者可能遭遇的難處」，讓孩子在自己體驗、思考、彙總之中練出自己的好能力，那扎扎實實的教學進度才是真正的進度。

▶空虛的教學不會發生真正的學習效果

「列式」也是小學高年級困難的單元，雖然已經是六年級下學期的教材，但孩子的抽象能力依然不怎麼發達，教學者也不

全然掌握「列式」的核心意涵。至於老早遭課本綁架的教學，就更難想到該設計生活經驗的問題，來激發學生動腦、動手。傳統上還是老套的靠鐵杵磨成繡花針的「硬背工夫」。

雖然在基礎概念花點時間，但每個人都能學會、學通，就很值得！

本堂課從 1 年 365 天的生活經驗開始。

我要學生用月份表示這一年的 365 天。一端是 365 的天數，另一端要寫上月數，也要有剩餘的天數。

許多學生在等號兩端胡亂標記，混淆得厲害。讓孩子自己解釋自己的錯誤，學生終於明白「＝」號兩邊必須是同樣的單位。在這題，兩端都是「天」就簡單了。

列式：$30 \times 7 + 31 \times 4 + 28 \times 1 = 365$

是孩子經過自己思考整理得來。

過程比老師強迫孩子記起來多花了一些時間，但可貴的是沒有任何一位孩子摔下學習列車！在這裡多花費的時間，他們會在後續的精熟操作中補回來。

學習本就要由易漸漸變難。延續這題，請孩子改以「週」來表示 365 天。他們寫得出 365/7，但不能整除而多出零頭的 1 天，卻不知如何擺放？

365/7 確實是「週」，但是要和 365 天放在「＝」號兩端卻很為難！小組討論熱烈，思考能力和邏輯概念快速成長中！

最後，終於 $52 \times 7 + 1 = 365$ 這簡單的式子坎坷的出現了！

▶未知數的學習很難嗎？

「未知數」或稱「變數」，是另一個很難解說的基本名詞，用生活經驗與直接體驗去理解或許是個好方法。我問孩子：「一、數學題目都有解答嗎？」孩子大都天真的回答「有！」布置好疑情後，開始給難題，我再問：「從學校到台中距離大約30公里，此時出發，我幾點會到台中？」孩子們各式各樣的答案都出籠。有人回答：「30分鐘」，我問：「這麼短的時間，走路如何到達？」有人回答：「一天」，我再問：「開車去哪裡需要一天？」看起來像刻意為難的狡辯，慢慢的終於讓孩子學乖了。他們發現交通工具不同，就會有不同答案。當條件不清楚時，答案就不會只有一個。

終於，聰明的小組想出解決辦法，他們討論出用一個代號來代表「各種交通工具的速度」，而寫出：「時間＝30÷Y」。「Y」是交通工具的速度。這可改變的Y就是「變數」了，變數這名詞就牢靠的長了出來。

下一題是每個孩子都經驗過的題目：動物園。動物園的門票售價是：成人票每張50元、兒童票每張30元。某日動物園出售門票700張，共得29000元。假設兒童票售出 × 張，依題意可列出下列哪一個方程式？

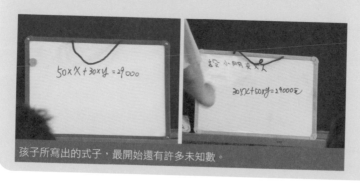

孩子所寫出的式子，最開始還有許多未知數。

122

　　當各組都列出各式
各樣不正確的列式後，
讓他們自己說明、自己
修正。

　　初期，孩子有了
「50Y ＋ 30X ＝
29000」的列式出現，
但即使是孩子，也發現
700沒派上用場。

給予小提示，讓孩子再討論看看，最後總會得出愈來愈漂亮的式子。

　　我說：「數學的表述，習慣上未知數愈少愈好。」要求孩子減少未知數。這題目就變難了，也加深孩子的思考深度。有時這種時候需要額外給個「小提示」去引導思考，「給提示」正是教學者的最大功能。

　　小提示：「700 － X ＝ Y」派上用場，

　　正確式「50（700 － X）＋ 30X ＝ 29000 出現了。

　　不經歷實際體驗與討論、不經歷錯誤與修正，大人很難想像這個「簡單的式子」，孩子需要經歷許多次錯誤的折磨與不斷修正才能真正懂。不走過這些歷程，空虛的教學幾乎不會產生真正的學習效果。當孩子真正懂得思考後，就能自信且快速的自己完成課本上的練習。這效益比起由老師一題一題教過所有題目要好太多了！至於探索中多花費的時間，在孩子的精熟學習後遲早會加倍的要回來。

乘法九宮格

孩子們通常都會喜歡這個遊戲。遊戲器材是：

1. 甲表的乘法九宮格
2. 乙表的數字表
3. 一個決定輸贏的骰子，用猜拳來代替骰子亦可。

▶遊戲準備

乘法九宮格（格數多寡可依學生程度調整，格數愈多，難度會越高）可依程度縮小成九格或百格，下面的數字表可跟著調整到三位數或多位數。格內數字可配合九九乘法表，從任一數開始，如 12。

甲表

1	2	3	4	5	6
7	8	9	10	12	14
15	16	18	20	21	24
25	27	28	30	32	35
36	40	42	45	48	49
54	56	63	64	72	81

乙表（數字表）

1	2	3	4	5	6	7	8	9

▶玩法：

兩學生生對玩

先將三個「乘積」三星連成一線者獲勝（連線不分垂直、平行、斜對角皆可，亦可規定四或更多星連線）

輪到的學生從九宮格內選出一組倍數的「乘積」圈起來。例如紅綠兩學生競賽：「？倍」中？數字必須選自數字表。加以標示成為下一輪的基礎數字。

遊戲順序	遊戲學生	選定標示的數字		猜輸先選數字盤上任意數當開始的基礎數。下一順序者任選一個倍數並標出成績
		乙表 = 倍數	甲表 = 乘積	
1	紅生	5		例如：紅生猜輸先選 5，5 就成為綠生的基礎數
2	綠生	9	5×9 = 45	綠生：選 9，5×9 = 45 標記九宮格的 45
3	紅生	7	9×7 = 63	紅生：選 7，9×7 = 63 標記九宮格的 63
4	綠生	6	7×6 = 42	綠生：選 6，7×6 = 42 標記九宮格的 42
5	紅生	9	6×9 = 54	紅生：選 9，6×9 = 54 標記九宮格的 54
6	綠生	4	9×4 = 36	綠生：選 4，9×4 = 36 標記九宮格的 36
7	⋮	⋮	⋮	⋮

直到誰先在九宮格上標記出三組連成一線的數字則勝出

【遊戲表】

依照上一頁乘積的選值，可標出以下數字

1	2	3	4	5	6
7	8	9	10	12	14
15	16	18	20	21	24
25	27	28	30	32	35
36	40	42	45	48	49
54	56	63	64	72	81

這遊戲，孩子會主動邀約同學或是與家長捉對玩。因為要料敵機先，孩子每選一個數就必然聯想敵我的數種可能配對答案，從九宮格上的乘積反推數字表上的倍數，孩子就不只是鍛鍊九九乘法，同時要鍛鍊除法與心算能力。而且一局下來，不知不覺就練習了幾十題的乘、除法，因為不知不覺的練習更趣味盎然。

熟練是重要的課堂目標！你的 GAME 好玩嗎？

七年級的一堂數學觀課，教學單元是「負數」。這不是一個困難的單元，所以很容易被忽略。教孩子記住負數是什麼，並不難。但「負的觀念」本質上是抽象的，對剛從小學來的學生並不容易理解。更大的難處是：「到底負數有什麼意義？」只說賺 100 元，這 100 元是正數；而賠 50 元，這 50 元就是負數。這樣的例子與解釋夠了嗎？能清楚認識負數嗎？對孩子未來多年的學習幫得上忙嗎？恐怕多年來，教學圈想得還真是

不夠呢！

所以，在討論課前的教材設計與準備時，我追問了任課與觀課的老師：

1. 這個「負數」單元，教材的核心意涵是什麼？

2. 孩子有什麼生活經驗用到了「負數」觀念，能否設計二道不同的生活案例當教材？

3. 能否設計一個 Game（不一定是遊戲）提供孩子「熟練」這個單元所強調的運算能力？

「教材的核心意涵」是學生一定要學會的「認知」，但這抽象知識有賴「與生活連結的案例」去具象化、操作化的學習，才有機會將抽象和學生本身的經驗串聯起來。粗略的「學會」就難免膚淺，需要設計一個「Game」去熟練學習，熟練才能真正學會與活用。

■ 數學的價值觀也要內化到內心的情意裡

在靠自己動手、動腦的完整學習歷程中，孩子最有機會將負數的價值觀念「內化」到內心的情意中，例如：生命本來就有各種方向或可能，每個可能都等值呀（正負數絕對值相等）！又如：走錯了，調頭回來就對了，負負得正嘛！這堂課能學到好的生活態度或生命養分呢！如此一來，認知、技能、情意的三大目標都能在一堂教學中完整達標。

平常教學時，我們實在很少試著去釐清「負數的核心意涵」吧！這堂觀課者的場邊對話，歸納了一群觀課老師的看法：「方向與數值」，應該就是負數的兩大核心意涵。看看

「負數」大量用在物理學上，所強調的不就是方向？

例如：不同方向的力；作用力與反作用力。再如：習慣上，數學在數線上呈現正負數，「原點」左側是負，右側為正，也是凸顯負數的方向性。

另一核心意涵是「數值大小」。學生也很容易混淆。經驗上來說，賺進 50000 元和虧損 50000 元，同樣都是 50000 元，回到感情層面，這「正、負」50000 元所感受到的價值卻隱然有別呢！拿進口袋的錢不覺得多，但欠人的就常會覺得無比巨大。

當任課老師藉由正負符號和數線，教完了正負數的辨識後，便由我上場接手。

我要各組派出四個人分別負責「猜拳決輸贏數值、上去黑板寫正確數字、在台下監督評對錯」三件工作。猜拳者站在以教室地磚自然形成的數線上，從原點開始猜拳決定進退。進退的數字再由另一人寫在黑板上。

這個遊戲看起來很簡單吧！但孩子可認真呢！以下便是這堂課的 Game 玩法。

教材案例

加強運算的 GAME

▶遊戲準備

各組選出猜拳手、作答者，其他人則擔任監督者。

1. 猜拳手：猜拳決定輸贏與數值
2. 作答者：上黑板寫正確數字
3. 監督者：在講台下監督與判定對錯

▶基本規則

遊戲進行步驟：出拳即代表數值：剪刀代表 2；石頭代表 0；布代表 5。

▶遊戲規則

由兩組負責猜拳的「猜拳手」站在教室數線的中央（原點），PK 猜拳。地磚的格線恰成了數線標示。

猜贏的人依上述拳值「正數」，逐步向講台端前進。猜輸者所出的拳值為「負數」，須自原點一方逐步遠離講台。

另一位記錄者，將每一輪拳值（同樣贏者的數值為正，輸者為負）配合加減運算，算出結果「加總累積」標記在黑板上各組自己的數線。

由各組派出的監督者分別站在台下評閱他組的對錯。以「移動位置正確與答案標示正確」分別決定輸贏，兩組「猜拳 PK」幾輪後，可以改採每一回 3 組「PK 猜拳」。

如果是三組比賽，輸贏拳值與加減運算就更複雜了。這個遊戲很簡單，而且不須準備教具，但學生卻都玩瘋了。光下課前短短十鐘，幾乎每個孩子都完整記錄了幾十道運算式，學生就在不知不覺中精熟負數的「大小數值」、「加減運算」。以猜拳結果來決定的數值，學生依照「正數」、「負數」，決定該往左或右去的「方向性」，雖還不能完整呈現負數的方向性，但大致已建立起方向的基本概念。將來面對「負負得正」的口訣，只要加進方向的概念，學生就不再只是死背而已。課前預定的三大教學目標應該已全面性的演練多次，這比要求學生搞定幾十題家庭作業要輕鬆、有趣、有效多了！

　　場邊對話時，我還是再度提醒觀課老師：任何一科，任何一堂課都要講究熟練的工夫，但一定要設法讓孩子不知不覺的熟練！光是剛剛那十分鐘內，孩子們個個都精算了幾十道題目而不自知呀！面對學習責任感還很模糊的國中、國小學生時，尤其應該如此。

20 分鐘搞定每個孩子 3 的乘法表

　　場景換到另一個地方，這裡鄰近台灣西部著名的石化園區，是一所離海不遠的小學，學區弱勢、新移民的孩子不少，學生的學習成效一般說來都不理想。這一天我進入小學二年級教室和老師一起上一堂數學課，進度是「3 的倍數」，其實就是 3 的「九九乘法表」。

　　現在的課本都編得既精美又生活化，教材一開始就是畫得漂漂亮亮的三朵一束的玫瑰花、二束「三朵玫瑰花」、三束

「三朵玫瑰花」。玫瑰花一束一束的疊加上去，老師照著課本一束一束教得很認真。但是講台下 11 張童稚又可愛的小臉上，卻看見好幾位一臉茫然的「學習客人」。

當老師的教學告一段落，原本坐在教室後面觀課的我，徵求老師同意，擺出陣仗和玩法向孩子們宣告：這是一場遊戲，而不是教學。以下便是這乘法 Game 的設計。

教材案例

乘法的花瓣

> 給能力弱的孩子最有利的位子，和最輕鬆的問題。

▶先進行暖身與預備活動

1. 將一張閒置的小書桌拉到面前。

2. 招呼全班的 11 位孩子隨意繞成一個半圓，圍住小桌。

3. 我拿來一大桶數數用的「花片」，每 3 片一堆，在小桌上一列排開的擺了十堆。（學生臉上除了狐疑還露出一點點興奮的表情，因為這陣仗看起來就像要玩遊戲的樣子，孩子最喜歡遊戲了！）之後暫且不管桌上花片。

4. 先試探孩子的學習情形，我問道：「誰能最快回答三束漂亮的玫瑰花有幾朵？」、「五束漂亮的玫瑰花有幾朵？」

發現這群孩子中有三位連順利數完阿拉伯數字都困難，一位數過了 5 就糊塗了；另兩位分別會在數到 10 以上與 20 以上的數卡住。半數孩子只能依著順序才能記住「九九乘法表」中的「3 的乘法表」。一旦沒照順序問，就很難答出正確答案了！

測出孩子的先備能力，真正的熟練遊戲要開始了。畢竟只

有少數孩子能靠自己學會熟練，通常多數孩子都需要有人幫助才能熟練。

遊戲開始了！

5. 我說：「現在我們要開始玩，猜猜我圈住的花片加起來總共有幾片？」

「從右邊第一位小朋友開始答，答錯或不會答的小朋友就移到排頭的位子來。不只要比答得快，還要比答得正確喔！」孩子興奮的表情更明顯了。

我的手掌開始移動，第一次我圈住第一堆的 3 個花片，第一個小朋友立刻答「3」。

這是要求孩子要完整表達。

一起練習完整的回答：當我圈住五堆花片問孩子：「五堆共有多少？」要孩子精準回答：「3、5、15」的九九乘法唸法（可先練習「3 片一堆，5 堆，總共 15 片」再簡化為「3 5 15」）。

6. 第二次我雙手分別圈住第一、二堆各 3 個花片，第二個小朋友輕鬆的說出：「3、2、6」。我圈的速度愈來愈快，<u>幾個答錯的孩子一個一個都到排頭來。錯越多次的孩子站越前面</u>。特別是起點能力較差的那一位孩子，最後一定會站在第一位。因為第一位都從 3×1 ＝ 3 答起，就是後來要求一次回答多個題目，頂多只遇到 3×3 ＝ 9，練習幾輪後，他通常每次也都會答對。

從教學中就能發現，孩子真是可愛！他能和後排那幾位厲害的孩子同樣答對，就會感到驕傲，這份驕傲感讓他們都興奮的笑了。他可不管其他孩子回答的是 3×8 ＝ 24；3×9 ＝ 27 這些較難的題目呢！（這就是「差異化教學」。讓能力不同的孩子在不同的問題中競答，也能答對、能得到成就感，神奇的是到最後，這兩種孩子都會有不錯的學習效果呢！）

■ 學習碰到困難就要回頭，重新準備好再越過

第二回合開始了，每個孩子不再只答一個算式。我依對象的能力不同，變換圈花片的速度和題數，中等程度的孩子可能一口氣要回答四、五題，能力較弱的孩子也得努力答出二、三個答案。能力最強的孩子我還會不按照順序的跳著問，例如：$3×9 = 27$，之後再問 $3×7 = 21$。能力較弱的孩子偶爾會被困住而猶豫時，我會鬆開圈著花片的手，讓他有機會看清楚花片數量，再慢慢加總。

幾輪之後，我必須鬆開手掌停頓的次數越來越少了！大量練習，要讓孩子不覺得是在練習，而不過就是趣味盎然的遊戲罷了！

下課鐘聲響了！我請老師抽問每一個孩子，而且不要依「乘法表」的固定順序提問。老師驚覺這 11 位孩子，每一個都能正確回答，連那三位原本「數數」都有困難的孩子也不例外。老師一臉難以置信的問道：「他們怎麼真的都會了？」我回答：「妳可以算一算這短短十幾分鐘之內，每個小朋友個別都練習了幾個問題？再算算他們依順序或不依順序的疊加了幾次 3 的乘法表？」、「如果加上旁人作答時，孩子自己在心裡輕聲同步作答的次數，這短短時間內，孩子恐怕已全神貫注的練習近百回了呢！這樣的練習量要不熟練恐怕都難呀！」、「更重要的是孩子不覺得是在練習呀！他們不過是趣味盎然的玩罷了！」

「不學而學」的鍛鍊，才是精熟的上策

這幾則「Game」可以讓孩子在不知不覺中熟練數學最基本的四則運算。稱這設計為「Game」，是因為它不只是玩或是活動，教學設計要比單純的玩更有「效能」，要比趣味不高的「學習活動」更有趣才行。

我曾和美國內華達州立大學擅長數學教學實務的 Dr. William Speer 對談，在遊戲式的學習上，我們很有默契的同樣認為：一個高明的老師不要只給孩子大量的練習題，而是要不斷引出孩子的能力，讓孩子有興趣也有能力提問。好的教學者就是要設法讓孩子熱切的提出問題。

數學講究理解，但理解還無法避免要建立在熟練的運算基礎上。所以傳統學習靠大量作業、反覆練習，實在也有不得已的苦衷。兩難的是，學生最厭煩的正好也是這麼大量的作業和反覆練習。所以，想盡辦法讓孩子在不知不覺中，「饒有興味」的完成各種機械式反覆操作的練習。這種「不學而學」的鍛鍊，才是「精熟」基本演算功夫的上策。

■ 想讓孩子樂此不疲的學習，學習遊戲就有機會產生

學習遊戲的設計一定要有趣，不該玩一回就結束；但也不能只是好玩，而鮮少教學意義；當然也不能「為活動而活動」，設計一些毫無深度、「想當然耳」的無聊活動。

學習遊戲要能提供孩子層層深掘的探索，最後還能引發孩子提出較高層次的思考性提問。真正「好玩又具備數學意義的遊戲」，通常一開始就能引發孩子歡喜的「投入」，教學者與

學生就在「熱切」中，建構出數學學習的深層意義。

至於如何設計出這些學習遊戲？我想只要教學者深具責任感，一肩扛下學生學習品質的重責大任，就會隨時想讓學習更有效能；隨時想讓孩子樂此不疲的學習；隨時想到某個教學單元的學習難處；隨時記錄下自己的發想；隨時收集可參考的資料。

靠這樣的念茲在茲，多次整理、修正之後，好的學習遊戲就有機會產生了。

減法八格盤

玩過減法練習遊戲之後，最後提問：「減到最後會剩下什麼？每組數字都這樣嗎？」

1. 填上任意數：A、B、C、D四位學生分別在四個角落各填入任何喜歡的數字（包括整數、分數、小數、或是代數 x、y 與多項式皆可）

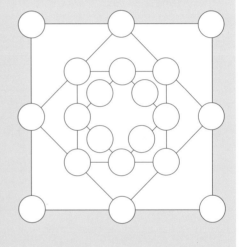

2. 差數填在中間：前後兩端格子內的數字，大數減小數，差值就填在中間的空格中。

3. 逐層作答，層層減下來，運算的最後結果會發現：縮減到最內圈後，數值一定會等於0。

4. 換組再玩，也可以比賽哪一組數字到0之前減過最多輪。

這是一個好玩的遊戲，每玩一輪，學生等於毫無警覺的練習幾十題的減法練習，甚至還會一玩再玩，因為孩子對不可思議的事情都難掩好奇的想一再試探呀！

最後看看能否引發孩子問：「為什麼會這樣？」、「能不能找到最後不會是0的四個數？

教材案例

連續數的規律

　　就算找不出有趣有效的「Game」，設計有意義的題目讓學生機智搶答，也能引發舉一反三的精熟效果。這總比反覆練習課本無聊的習題好太多，也有趣太多了。例如：由簡易而困難，老師分三階快速出題：

初階提問	21 — 12 = ? 54 — 45 = ? 98 — 89 = ?	作答後，要求找出規律。
進階提問	321 — 123 = ? 654 — 456 = ? 987 — 789 = ?	作答後，要求找出規律。
高階提問	531 — 135 = ? 864 — 468 = ? 642 — 246 = ?	找出規律，區別前兩項的規律。

▶暖身後，才展開進階的提問

　　先以初階的幾題尋常無奇的減法題目給孩子暖身之後，孩子開始產生信心，而且確信這是一個簡單的遊戲。當 198 的答案一再出現，孩子的眼睛可能已經瞪得老大，或許有些孩子已經看出規律了。

　　更好的狀況卻是：有些孩子已經迫不及待的提出「why」的問題。總是由老師問學生問題，還稱不上高明的教學技巧。如果由老師製造情境，引導孩子設計出問題，成效更大。

▶孩子設計出問題，成效更大

這時老師如果問：「還有什麼題目可能出現一樣的解答？」

一些反應較快的孩子會脫口說出：765 － 567，答案應該也是 198。或者 432 － 234、876 － 678 等，這些題目都會有一樣的答案。

經驗上，最後孩子一定會問的是：「為什麼會這樣？」、「為什麼會有這樣的規律？」、「一定要連續數的前後數字對調，才會產生這種結果嗎？」

孩子的問題一題深過一題，不知不覺中孩子已經完成了很多成功的練習，想藉此要孩子多多練習減法計算能力的初衷也早已達成。

▶除了練減法外，額外的收穫是孩子發現「數字的規律」

更大的收穫是，這一段練習同時引發孩子「發現規律的能力」，也引導孩子對神奇數字的興趣。至於「為什麼會有這樣的規律？」的大哉問，就留待讀者自行探討可能的答案吧！

最後如果題目再升級變成 741 － 147 ＝ 594、852 － 258 ＝ 594、963 － 369 ＝ 594。這一串類似的題目，還能找出什麼規律呢？誘引孩子有驚訝的發現，當孩子再次驕傲的瞪大眼睛，配合不可思議的表情，發出「耶」的一聲時，學習肯定受到無比的激勵。

▶關鍵：找出規律背後的原因

最後一個教學步驟最關鍵：讓孩子透過小組討論找出「為什麼？」。

為什麼 $21 - 12 = 54 - 45 = 98 - 89 = 9$

為什麼 $321 - 123 = 654 - 456 = 987 - 789 = 198$

為什麼 $741 - 147 = 852 - 258 = 963 - 369 = 594$

在這樣的討論中結束課程，孩子的智慧與推理、歸納能力都大大的展現，這一堂課不只有趣，孩子在興奮中也開始發現自己是個不錯的數學高手呢！原來讓孩子動腦才是最有效的學習。

第三章 語文與社會領域也要動腦與實作

學習不應只是無意義的反覆練習

在實施小班教學、九年一貫教學後，氾濫成災的學習單早已流於形式，教師與學生只為完成學習單而寫學習單。真正有用的學習單，要能讓教材組織架構起來，學習單既應該有系統的引導學生進入層次井然的學習，也得讓學生記錄同儕的回饋與分享，發表看法時也能有所憑依。這有所憑依的感覺，會提升孩子說話的膽識與口才鍛鍊的效能。

這一堂的授課內容是「我是家事好幫手」。學生依賴書面紀錄發表個人經驗後，也運用學習單上取得同儕回饋與經驗分享，教師也藉著總結性的提問設計，統整並延伸為家庭作業，例如每週幫家人掃地三次這些實作與紀錄。

■ 只有回到教學現場的每個小細節，師生才有成長機會

教學觀察與即時對話中，歸納了幾場次的觀察結果，也整理出幾個會影響教學效果的小細節，這些細節似乎正是鍛鍊未來「教學天使」的關鍵。

1. 課堂中的主角是學生，不是教材也不是老師。

　　學生是課堂主角，不是教材也不是老師，教材不過就是提升能力的材料，教師表面上更應該演得像配角。教師在教學過程中要多運用提問來瞭解學生的理解程度，不要只顧著課本那一頁一頁的內容進度，而忽視學生真正的學習；教師應多給學生發表機會，透過提問引導學生自己發現學習重心、自己建構知識概念，進而一步步完成該單元課程的學習。

　　很多教師將書商的教科書當作教學的聖經，依教科書的內容、順序教學，絲毫不敢造次。未依學生的條件與課前的專業備課所發現的問題調整，學習和孩子熟悉的素材完全脫鉤，自然越學越糊塗。

2. 教學專業一定要凸顯，提問、黑板上或簡報呈現的內容都該有明確的邏輯與順序。

　　課前應該充分的備課，備課到能甩開教科書；上課時，黑板上的文字格式也都應該經過設計安排。學生應該只看到黑板上簡簡單單的少數綱要文字。這樣才能實現孩子上完語文課後，闔上課本就能默誦、默寫，甚至創作出自己的文章的能力；實現孩子上完數學課後，可以不須看課本，就能照著步驟算對所有練習，甚至自己出應用題考自己或考耐心的能力；實現孩子上完藝文課後，可以畫出自己的創意的能力。寫在黑板上的文字與提問，只要謹慎、巧妙的安排，教學效能就可以大大提高，能實現該有的教學目標。

3. 教學要找到好機會稱讚學生，讓學生的學習成就不斷的張揚出來。

4. 進度不是最重要的，學生是否習得與熟練新知才重要。

5. 發現學生學習困難，須一步一步往前回溯學生的起點能

力，重新學起永不嫌慢。

很多教師怕面對因學生聽不懂而延誤進度的狀況，甚且不敢真心去問學生是否聽懂。但是對學生而言，若不真正理解上課內容，教學進度只是空話！

6. 學習開始與結束都要與生活連結。

學習是為生活做準備！任一個領域的教學，都應與生活連結。此外也應讓學生課後有機會將學習與家庭生活環境連結，生活連結才能將一些抽象性的新知概念轉化為具體性的操作，讓學生更易瞭解與吸收。

7. 能引動一連串由學生主導的學習，一定是因為激發了他們蠢動的求知慾。

「起立、敬禮、坐下」「請小朋友將課本打開，我們一起看到……」這是很多教師在一上課時常見的開場白，接著，將該堂課的教材知識直接告訴學生，或一步一步的按照課本教學。這些直接講授式的教學，很難激發學生思考與探究。教學，就是要想辦法引發並提高學生的求知慾望，讓學生自己發現問題、提出問題、找出答案與解決方法等。能引動一連串由學生主導的教學，一定是因為激發了他們蠢動的求知慾。

8. 不要將簡單的課程內容複雜化，要將複雜的課程內容簡單化。「教材極簡化」就能讓學生從基本概念進入。

9. 課本及習作的內容認知與精熟都要在學校完成，回家是學生自主學習的時間，老師不宜占用學生回家自學的時間。

無法在學校課堂上完成的教學，可能就是一場沒效率的教學，通常也只是給學生零碎、片斷的知識而已。

10. 光用眼睛和直覺看不出學生的學習困難，一定要回到教學

現場多次診斷與確認。

同事間談論著：中（低）年級的教師都沒有教好，我現在帶得好累。不管自己是那位說別人的教師，還是被說的教師，只要是教育工作者，不管學生在哪一個環節出岔，都一定要回到教學現場進行診斷與確認，共同鋪設學習階梯，重新引領學習，才能真正拉拔孩子。

■ 教學沒有標準模式，卻有最適切的模式

一位教師，擔負教育下一代的重任，但在教育現場中，教師很難有機會透過他人的眼來檢視自己的教學，更遑論教學後撥出時間，內省自己教學時可能存在的盲點。參與教學觀察，內心會有很大的衝擊。猶記一位雲林的國小校長說過：「在林老師進班指導教學後，學校教師最大的感觸是：以前為何都沒人告訴老師要這麼教呢？」這句話隱隱表達出老師們對好技巧的憧憬與渴望。

我常說：「教學是一門藝術，是一門既多元且複雜的藝術。教師教學需要因應著不同的人、事、時、地、物，隨時調整教學內容、步調，謀求最適合該班學生的教學型態。所以教學的確沒有標準模式，當然就沒有放之四海而皆準的一家之言，每個教學者都要找出自己面對學生當下最適切的模式。」

找到核心意涵，就找到有效的教材設計與教學法

國中二年級的國文〈慈烏夜啼〉課文長達十八句，雖是白居易平易近人的詩作，要在一節課內徹底理解，同時深深烙印

在心裡，還是不容易。以此詩文為例，再一次層次性的設計教材，為孩子架一個學習的樓梯。

慈烏失其母，啞啞吐哀音，晝夜不飛去，經年守故林。
夜夜夜半啼，聞者為沾襟；聲中如告訴，未盡反哺心。
百鳥豈無母，爾獨哀怨深？應是母慈重，使爾悲不任。
昔有吳起者，母歿喪不臨，嗟哉斯徒輩，其心不如禽！
慈烏復慈烏，鳥中之曾參。

一、首先，要找到核心意涵：老師經充分的課文解構，不難清楚這十八句中，「慈烏復慈烏，鳥中之曾參」這兩句，應該是能表彰全文意涵最核心的關鍵句了。這發現很重要，但是不管再怎麼好的發現，還是要設法讓學生從自己的口中說出來才有價值。

「哪兩句最能寫出全詩的主要意涵？」將這個問題丟給學生討論，再彙總各組學生的說法，這兩句老師心目中「全文主要意旨」的關鍵句，總有機會從某一組學生口中說出來，再搭配各種不同的答案和學生的說法，學生探究文章的本事，效果大矣！

老師再善用「最核心的關鍵句子」，將全詩其他文句都拿來和這關鍵句搭配一番，將每一種層次的詩文都由「慈烏復慈烏，鳥中之曾參」這兩句收尾，不只文章意旨一下子就清楚明白，一堂有趣的教學也就有機會於此發展出來！

二、找出每階段的主角：請各組學生找出詩文中出現哪些角色？學生能輕易的找出：「烏鴉、路人、作者」三個角色。

當然學生也可能提出「吳起、吳起母親、斯徒輩、曾參」等人。小組之間會有辯證,也會有學生質疑吳起、曾參等人不過只是作者所說的舉例或譬喻,用來具體的強調「不孝與孝」的概念而已,算不得是詩文主寫的角色。

整清文章中的「紅花、綠葉」,不只是閱讀與寫作的重要能力,連人際互動都大有助益!

三、合宜的拆解全詩為三或四段:有了三組主要角色,詩文的所有句子大抵就能分別歸屬於這三組角色,不論是敘述或論辯。這分段的工作就算初步達成。

四、接著,各組分工合作,各司角色,輪誦課文:我試著讓學生分批次、分層的組合這一首詩如下四個層次。

教學或朗誦時,採用疊加的方式,各分組一層一層的讀,而且簡要說明該段的意涵。學生不只在極短時間內就能輕鬆熟記這篇詩文,也能深度的感受到文章表達層次的高下。更難得的是國中時期就能學著察覺詩文不同句子背後都可能隱藏著不同的主人翁,也能看出不同主人翁所呈現的不同寫作角度。這樣的能力對學生寫作能力和鑑賞能力都頗有助益。

慈烏夜啼的四層次結構

三主要角度	段落意旨	分析成四大段「疊加」的組裝閱讀	
從慈烏角度	單純寫孝順的鳥	慈烏失其母，啞啞吐哀音。 晝夜不飛去，經年守故林。	關鍵的兩句
		慈烏復慈烏，鳥中之曾參。	
從旁觀者角度	寫外人感受	慈烏失其母，啞啞吐哀音。 晝夜不飛去，經年守故林。	
		夜夜夜半啼，聞者為沾襟。 聲中如告訴，未盡反哺心。	關鍵的兩句
		慈烏復慈烏，鳥中之曾參。	
從作者角度	寫推論	慈烏失其母，啞啞吐哀音。 晝夜不飛去，經年守故林。	
		夜夜夜半啼，聞者為沾襟。 聲中如告訴，未盡反哺心。	
		百鳥豈無母，爾獨哀怨深。 應是母慈重，使爾悲不任。	關鍵的兩句
		慈烏復慈烏，鳥中之曾參。	

從作者角度	寫借鳥諷人的批判	慈烏失其母，啞啞吐哀音。 晝夜不飛去，經年守故林。
		夜夜夜半啼，聞者為沾襟。 聲中如告訴，未盡反哺心。
		百鳥豈無母，爾獨哀怨深。 應是母慈重，使爾悲不任。
		昔有吳起者，母歿喪不臨。 嗟哉斯徒輩，其心不如禽。
		慈烏復慈烏，鳥中之曾參。

關鍵的
兩句

　　每一個主段落都有另外兩句，是作為加強該段的語句，例如「夜夜夜半啼，聞者為沾襟」加強了「聲中如告訴，未盡反哺心」；又如「百鳥豈無母，爾獨哀怨深」加強了「應是母慈重，使爾悲不任」。這些文句能加強該段的語意，讓詩文更精采，就算拿掉這兩句，文意也依然順暢。

文章解構與分組討論的提問設計

請自己嘗試以〈勤訓〉作教材解構與教材設計。

治生之道，莫尚乎勤，故邵子云：「一日之計在於晨，一歲之計在於春，一生之計在於勤。」言雖近而旨則遠矣。

無如人之常情，惡勞而好逸，甘食褕衣，玩日愒歲。以之為農，則不能深耕而易耨；以之為工，則不能計日而效功；以之為商，則不能乘時而趨利；以之為士，則不能篤志而力行；徒然食息於天地之間，是一蠹耳。

夫天地之化，日新則不敝。故戶樞不蠹，流水不腐，誠不欲其常安也。人之心與力，何獨不然？勞則思，逸則淫，物之情也。大禹之聖，且惜寸陰；陶侃之賢，且惜分陰；又況賢聖不若彼者乎？

嘗試之後，再對照下表，看看自己的解構道理何在。同時想想，下表中解構的道理何在。不必拘泥於哪一種模式才正確，只要道理說得清楚，就是好的解構設計。

教材案例

〈勤訓〉的解構

課文	段落大意 提問設計
治生之道，莫尚乎勤， 故邵子云： 一日之計在於晨， 一歲之計在於春， 一生之計在於勤。 言雖近而旨則遠矣。	**勤的重要性：勤最重要** 1.「經營生活」最重要的一個原則（核心意涵） 2.一日、一年、一生中最美好的時機是什麼？（加強敘述）
無如人之常情， 惡勞而好逸， 甘食 褕衣， 玩日 愒歲。 以之為農，則不能深耕而易耨； 以之為工，則不能計日而效功； 以之為商，則不能乘時而趨利； 以之為士，則不能篤志而力行； 徒然 食息於 天地之間，是一蠹耳。	**不勤的後果：不勤是常情，是食息蠹** 3.勤既非人之常情，人的三項常情是什麼？ 4.「不勤」這種本性在四種行業中各有何障礙？

夫天地之化， 日新則不敝。 故戶樞不蠹， 流水不腐， 誠不欲其常安 也。	人之心與力，何獨不 然？ 勞則思， 逸則淫， 物之情也。	**勤的定義：勤是 動、是勞思逸淫** 5. 天地到個人， 本質是「要動， 要勤」的，請找 三例說明其好 處。 6. 人的本質和萬 物相同，是勤勞 嗎？
大禹之聖，且惜寸陰； 陶侃之賢，且惜分陰； 又況賢聖不若彼者乎？		**結語：勤就是要 不停努力** 7. 人要效法哪兩 聖賢？哪些賢 事？

〈勤訓〉縮寫的本文大意

一日之計在於晨，
一歲之計在於春，
一生之計在於勤。

惡勞而好逸，
甘食褕衣，
玩日愒歲。

以之為農，則不能深耕而易耨；
以之為工，則不能計日而效功；
以之為商，則不能乘時而趨利；
以之為士，則不能篤志而力行；

日新則不敝。
故戶樞不蠹，
流水不腐，

大禹之聖，且惜寸陰；
陶侃之賢，且惜分陰。

〈勤訓〉的改寫：也可以自行重組段落，風味必有不同！

夫天地之化，日新則不敝。
故戶樞不蠹，
流水不腐，
誠不欲其常安也。
人之心與力，何獨不然？

勞則思，
逸則淫，
物之情也。

無如人之常情，
惡勞而好逸，
甘食　褕衣，
玩日　愒歲。

以之為農，則不能深耕而易耨；
以之為工，則不能計日而效功；
以之為商，則不能乘時而趨利；
以之為士，則不能篤志而力行；
徒然食息於天地之間，是一蠹耳。

治生之道，莫尚乎勤，故邵子云：
一日之計在於晨，
一歲之計在於春，
一生之計在於勤。
言雖近而旨則遠矣。

大禹之聖，且惜寸陰；
陶侃之賢，且惜分陰；
又況賢聖不若彼者乎？

重組段落後，學生多了一種模式來探索文意，交錯比對，單純的依文辨義，更容易了解文章的意涵。當然還能有其他重組的方式，只需要加一點連接詞，就能讓縮寫的文章通順。將「治生之道，莫尚乎勤」移至文中或文首，都能各有擅長。

而濃縮本文——縮寫，則又恰可以精簡的呈現全文意旨（如前例的縮寫圖表）。

解構、提問、找答案

數字與顏色能夠幫助閱讀，用得巧，再長的文章都能輕鬆解構。以〈洪醒夫的紙船印象〉做教材設計案例。

每個人的一生都會遭遇許多事，有些是過眼雲煙，倏忽即逝，有些是熱鐵烙膚，記憶長存，有些像是飛鳥掠過天邊，漸去漸遠；而有一些事，卻像夏日的小河、冬天的落葉，像春花，也像秋草，似無所見，又非視而不見——童年的許多細碎事物，大體如此，不去想，什麼都沒有，一旦思想起，便歷歷如繪。

紙船是其中之一。我曾經有過許多紙船，在童年的無三尺浪的簷下水道航行，使我幼時的雨天時光，特別顯得亮麗充實，讓人眷戀。

那時，我們住的是低矮簡陋的農舍，簷下無排水溝，庭院未鋪柏油，一下雨，便泥濘不堪。屋頂上的雨水滴落下來，卻理直氣壯的在簷下匯成一道水流，水流因雨勢而定，或急或緩，或大或小。我們在水道上放紙船遊戲，花

色斑雜者，形態怪異者，氣派儼然者，甫經下水即遭沉沒者，各色各樣的紙船或列隊而出，或千里單騎，或比肩齊步，或互相追逐，或者乾脆是曹操的戰艦——首尾相連。形形色色，蔚為壯觀。我們所得到的，是真正的快樂。

這些紙船都是有感情的，因為它們大都出自母親的巧思和那雙粗糙不堪、結著厚繭的手。母親摺船給孩子，讓孩子在雨天裡也有笑聲，這種美麗的感情要到年事稍長後才能體會出來，也許那雨一下就是十天半月，農作物都有被淋壞、被淹死的可能，母親心裡正掛記這些事，煩亂憂愁不堪，但她仍然平靜和氣的為孩子摺船，摺成比別的孩子所擁有的還要漂亮的紙船，好讓孩子高興。

童年舊事，歷歷在目，而今早已年過而立，自然不再是涎著臉要求母親摺紙船的年紀。只盼望自己能以母親的心情，為子女摺出一艘艘未必漂亮但卻堅強的、禁得住風雨的船，如此，便不致愧對紙船了。

造船印象

經過仔細分析，可知本文是「探討四種人生遭遇的型態和一種深刻的感情」，請試試看，用數字來分析文章是否更清楚明白？

本文包括四種人生型態、細寫三項放紙船的內容、回憶母親與製作紙船的兩個敘寫角度、一個三十歲後的願望。不要小看這數字的功能，它能提升理解能力。這「4、3、2、1」的架構可以搭建一個很容易學習的階梯：

4 種人生遭遇型態，作者獨鍾的一種正是核心意涵。

3 項細寫放紙船的內容：「背景、紙船外貌、出航陣容」。

2 個敘寫角度：母親製作紙船時，對農作物的焦慮，以及製作紙船的感情。

1 個願望：結語年過而立的一個願望。

在 3 項放紙船的細寫中，也能看到 4 種紙船的外貌與 5 種紙船出航的陣容等平淡無奇卻又神效無比的解構數字。

▶閱讀的提問

請孩子從課文的語句或語詞中找出答案，回答下面這幾個問題，更容易讓學生自主深入的讀完這一篇文章：

1. 本文將每個人的人生遭遇分成「四大類」，作者最在意哪一類？請說明理由。

2. 文章用了哪些「人、事、時、地、物」等五元素的語句來敘寫童年「放紙船經驗」？

3. 本文從哪三個景去敘寫「放紙船的空間背景」？

4. 本文寫出哪 4 種紙船的外貌與哪 5 種「紙船出航的陣容」?

5. 作者分別用了哪些語句,從農作物與紙船兩個角度寫「母親製作紙船的美麗感情」?

6. 結尾作者寫「三十歲後的願望」,所盼望的到底是何事?

▶ **深究式的提問**

請回答下面幾則值得深思的動動腦問題,透過動動腦筋的提問與回答,學生能輕鬆的深入思考,更容易讀懂文章中的意涵和背後深沉的感情。

1. 本文主角是紙船或母親?請從文章中找到支持的理由。

2. 「似無所見,又非視而不見」,指的是大事、小事、瑣事?請說明理由?

3. 有些感情細碎又綿長;有些燦爛而短暫;本文屬哪一種?

4. 本文的第一段可以省略嗎?請說明理由。

▶ **老師備課的課文解構**

老師自己怎麼解構課文呢?可以這樣試試看:

第一段寫「四種人生遭遇的型態」:其中哪一種型態一旦想起來就歷歷如繪?

每個人的一生都會遭遇許多事,

1 有些是過眼雲煙,倏忽即逝,(短命如炊煙)

2 有些是熱鐵烙膚,記憶長存,(長命如烙印)

3 有些像是飛鳥掠過天邊,漸去漸遠;(半條命如鳥蹤)

4 而有一些事,卻像夏日的小河、冬天的落葉,像春花,

也像秋草，（似有還無、似無還有）

似無所見，又非視而不見 —— 童年的許多細碎事物，大體如此，不去想，什麼都沒有，一旦思想起，便歷歷如繪。紙船是其中之一。

我曾經有過許多紙船，在童年的「無三尺浪」的簷下水道航行，使我幼時的雨天時光，特別顯得亮麗充實，讓人眷戀。

那時，我們住的是

1 低矮簡陋的農舍，簷下無排水溝，庭院未鋪柏油，一下雨，便泥濘不堪。

2 屋頂上的雨水滴落下來，卻「理直氣壯的」在簷下匯成一道水流，

3 水流因雨勢而定，或急或緩，或大或小。

我們在水道上放紙船遊戲，

1 花色斑雜者，2 形態怪異者，3 氣派儼然者，4 甫經下水即遭沉沒者，各色各樣的紙船

1 或列隊而出，2 或千里單騎，3 或比肩齊步，4 或互相追逐，5 或者乾脆是曹操的戰艦——首尾相連。

形形色色，蔚為壯觀。我們所得到的，是真正的快樂。

第五段寫母親製作有感情的紙船：寫母親的巧手與美麗感
情、苦雨的煩憂、為孩子摺漂亮紙船。

這些紙船都是有感情的，因為它們大都出自母親的巧思和
那雙粗糙不堪、結著厚繭的手。

母親摺船給孩子，讓孩子在雨天裡也有笑聲，這種美麗的
感情要到年事稍長後才能體會出來，也許那雨一下就是十天
半月，農作物都有被淋壞、被淹死的可能，母親心裡正掛記
這些事，煩亂憂愁不堪，

但她仍然平靜和氣的為孩子摺船，摺成比別的孩子所擁有
的還要漂亮的紙船，好讓孩子高興。

第六段寫而立的願望收尾：三十歲後，想以母親的心情再摺
紙船。

童年舊事，歷歷在目，而今早已年過而立，自然不再是涎
著臉要求母親摺紙船的年紀。

只盼望自己能以母親的心情，為子女摺出一艘艘未必漂亮
但卻堅強的、禁得住風雨的船，如此，便不致愧對紙船了。

倘若要給學生學習單，則至少要達到「學習之後就能彙總
全文」的目標，簡單說就是讓孩子能把文章「背起來」，兼有
複習與熟練之用。

〈紙船印象〉學習單

一、請精讀課文後，填寫以下的空格，輕鬆的複習本課課文。

▶填滿下面的缺空欄可讓文章更豐美。

　　A.下面是本文大致分類每個人的「人生四大類遭遇」，作者最在哪一類：

　1. 有些是（　　　　　　　　　　　　　　　　　　　　）

　2. 有些是（　　　　　　　　　　　　　　　　　　　　）

　3. 有些像是（　　　　　　　　　　　　　　　　　　）

　4. 有一些事，卻（似無　　　　　　　，又非　　　　　）
　　像（　　　　　　　　　　，像春花，也像秋草），
　　這些童年事物，不去想，什麼都沒有，一旦（
　　　　　　　　　　　　　　　　　）。

▶本文用人事時地物等五元素寫童年的「放紙船經驗」。

　1. WHO：我（　　　　　　　　　　　　　　　　　）

　2. WHAT：曾經有過許多紙船

　3. WHEN：在童年（　　　　　　　　　　　　）航行，

　4. 結語：使我幼時（　　　　　　　　）特別顯得亮麗充實
　　（　　　　　　　　　　　　　　）。

▶本文從三個景去敘寫「放紙船的空間背景」。

1. 我們住的是（　　　　　　　　　　）農舍
   簷下（　　　　　　　），庭院（　　　　　　　），
   一下雨，便泥濘不堪

2. 屋頂上的雨水（　　　　　　　　　　　），
   卻（　　　　　　　　　　）在簷下匯成一道水流。

3. 水流因雨勢而定，（或　　　　　　　　　　　）。

▶ 寫出四種船外貌與五種「紙船出航陣容」

　我們在水道上放紙船遊戲，

1. （花色斑雜者），（　　　　　　　　），
   （　　　　　　　），（　　　　　　　），
   各色各樣的紙船

2. （或列隊而出），或（　　　　　　　　），
   或（　　　　　　），或（　　　　　　　），
   （或者乾脆是　　　　　　）形形色色，蔚為壯觀。

▶ 從農作物與紙船二個角度寫「母親製作紙船的美麗感
情」，這些紙船都是有感情的。

1. 因為它們大都出自（母親　　　　　　　　的
   手）。母親摺船給孩子，（　　　　　　　　），
   後才這種（　　　　　　）感情要（　　　　　）
   能體會出來，

2. 也許那雨（　　　　　　　　　　　），農作物都有被
   淋壞、被淹死的可能，（母親心裡正掛記這些事，
   　　　　　　　　　　），

3. 但她仍然（　　　　　　　　　　）為孩子摺船、
   （　　　　　　　　　　），好讓孩子高興。

▶結尾寫「三十歲後的盼望」。

　　童年舊事，歷歷在目，

而今早已年過而立，自然不再是（　　　　　　　　）

摺紙船的年紀。只盼望自己（　　　　　　　　　　），

為子女摺出一艘艘（　　　　　　　）（　　　　　）

船，如此，便不致愧對紙船了。

二、請回想本文從哪幾種角度寫紙船印象？請回憶一
　　下，分別依序排列。

　　1. 寫「人生四大類遭遇」，紙船是最細瑣卻最鮮明的一
　　　　種。

　　2. 童年的「放紙船經驗」

　　3. 寫「放紙船的空間背景」

　　4. 寫「紙船出航陣容」

　　5. 寫「母親製作紙船的美麗感情」

　　6. 寫「三十歲後的盼望」

三、第一段可以省略嗎？六大段的順序可以調整嗎？調
整後，請自己唸唸看，想一想，無論如何調整，哪些段
落最好一定要在一起才好？

　　1. 本文敘寫的主角到底是誰？分別表徵什麼情感？有些感
　　　　情細碎又綿長；有些燦爛而短暫；本文屬哪一種？

　　2. 〈似無所見，又非視而不見〉是大事、小事、瑣事？如
　　　　何看出？

160

第四章 問評量所謂何事？PISA、燒餅或漢堡

評量檢驗學生的能力，也檢驗老師的教學力

語文至少有兩種功能，一是實用功能，二是鑑賞功能，傳統以來國人的學習歷程通常較重視後者，而輕忽前者。我們的學生可以認得很多奇怪的字詞，可以背誦很長的文言古文，但卻看不懂一張統計圖表或是一份分佈圖，因為很少教學者將圖、表也當成語文。可是全球化的資訊世代，資訊與知識累積的量與速度都快得叫人瞠目結舌，簡化文字敘述效果的「圖表」，就是功能性語文。

為了回應社會與生活的實用需求，語文學習的任務就不應只教孩子學會「字、詞、義」或鑑賞語文。過去較不重視的實用性更顯重要，國人的語文學習正面臨一個全新的變革：全球化世代，鑑賞之餘，語文的實用功能更重要。

我們希望孩子會讀寄情寓意的詩文、如臨其境的遊記、鏗鏘有力的論述。但當學習目的回歸真實的生活時，一封情書、一則簡訊、一欄公告、一份說明書、一整本的調查或研究報告，甚至張貼在車站的時刻表，才是不折不扣的實用語文。對多數人一輩子而言，「實用」可能才是學習的主要目的呢！

話說回來，實用與鑑賞這兩種語文功能也絕非如楚河漢界般一分為二。感人肺腑的祭文、引來會心一笑的簡訊、別具深意的公告等，在「應用」之餘也自有濃濃的鑑賞價值。例如在比賽中脫穎而出的簡訊：「兒子，既然上網能吃到飽，晚餐就不煮了喔！」、「你有沒有告訴她：你愛我？」這兩則從實用角度出發的文字，短短數字就能引來會心一笑，文短意長當然有鑑賞功能。

〈祭妹文〉、〈出師表〉這些應用文章，自古以來就是賺人眼淚的千古好文，當然不只是應用的公文書而已！所以，語文的素材似乎不是差異的關鍵，教學、學習、測驗的正確方法才是真正的關鍵吧！

評量並非考試，是讓教與學都有機會變得更好！

值此國際教育交流與跨國仿效頻仍的年代，學習的能力測驗也國際化了。幾年來，一連串的國際性評量也恰如預期的凸顯出國人不重視語文實用能力的偏頗與不足。

評量的目的並非考試，而是藉評量找出教學或學習上的不足，讓教與學都有機會變得更好罷了！

所以我們「以評為鑑」，試著取法先進國家的國際評量意旨和模式，同時兼顧台灣的教育現況與真正需求，設計出能著眼於「用測驗找出教師的教學缺失，與學生的學習缺失」的評量題目、找到全面教好語文的較佳策略，這正是當前教學者的評量重任。

PISA 不過是對焦在實用目的的測驗！

其中，PISA 是最受矚目的國際評比，因為源於西方，所以它的內容特別著重「西式語文學習」所強調的實用功能。引入國內時，學生、老師都同感陌生，所以幾年來應試成績一直都不理想。批評聲浪四起，政府還想將這樣的命題型態導入國人最在意的十二年國教的「升學考試」中，無疑是火上加油。但是我毋寧說，這導入的方向轉變事實上是正確的，只是困惑不解的教育工作者難免手忙腳亂起來罷了！

慌亂間，坊間各種理論研究、補救對策、模擬教材難免藉機紛紛出籠，但資料愈多、分析愈細、流派愈雜，本來單純的評量就愈加複雜化、理論化起來，反而讓教學者或家長越是惶惶不安！

以 PISA 的閱讀能力測驗為例，命題方向和國內的傳統語文評量有很大差異。PISA 是從「擷取資訊、發展解釋、省思與評鑑」這三個層次，來評量學生的閱讀能力。

第一層是「擷取資訊」，就是要求學生須能從所閱讀的文章中找到正確答案。換言之，是測驗理解文章的語句、語詞、敘述資料的真正意旨。這層次較符合國內教學習慣，難度較低。

第二層是「發展解釋」，是測驗學生能否在閱讀後經過推理、分析，找出正確答案。也就是要求能經由理解、推理、分析、歸納後，正確解讀文章表面意思或蘊含的意涵。這類題目需要較高階閱讀能力才能解答，對過度強調字、詞、義，而較少思考訓練的傳統教學來說，確實較難輕鬆應對。

第三層著重「省思與評鑑」，這是測驗學生能否在讀完文章後，結合自己的舊經驗、知識、想法來作答。也就是要求學生讀後還要有自己的想法、自己的觀點。不論是依據自己原有的認知去判斷文章的價值，或是吸納文章意涵成為自己思想的新養分。總之，就不能只是單純浮面的讀「別人的文章」。「標準答案萬歲」的傳統學習，沒機會讓學生動腦思考，現在要學生回答這類考題，還真是不容易呀！

　　在這一片難以適應的氛圍下，有人將「PISA」的價值捧上天，也難免就有人要將它貶入地。彷彿只要考試完全 PISA了，國內的語文教育要不是即刻功德圓滿，要不就是直接墜入地獄去！仔細想想：教育不就該著眼於讓孩子成為一個「有想法」，能動腦筋「做自己」，能解決問題，能自在生活的人嗎？PISA 的三類題型不正是一步一步邁向這個目標的三個階段嗎？

　　不管世道怎麼變，國內、外的教改怎麼改，教育與學習的目標其實都沒跳脫先聖先賢所釐定「教會每一個人學著當一個人」的格局！學習效果不佳，追根究柢大抵都是實踐方法搞錯，是教學或學習走岔了而已！倒不必將 PISA 捧上天或是貶下地獄！

標準化、神祕化的 PISA 考題

　　語文教育老早就有「能聽、能說、能寫、能讀」這老傳統的「四能」目的。當前只要再強調「能思考」、「能實踐」這「想與做」兩項，總的六項目標若真能達標，語文教育確實可

謂成功！

　　受限於升學考試的壓力，多年來國內教育早將這「六能」束之高閣，不必動腦筋的填鴨與刻板背誦的教學當道。受限於複雜的語言教育理論，將母語當成外國語一般學習，甚至還特別強調語法與修辭這些高難度、低實用的「語言學」、「修辭學」教學。受限於老師的舊經驗，面對牙牙學語就講國語的新世代學生，老師們還將多年前「推行國語時期」墾荒階段時，必須強力教學的「字、詞、義」因循成為國內主要的教學內涵，試問這些新世代的學子如何能不厭惡語文？

　　如果透過 PISA 考題的點醒，能讓國內語文或閱讀的教學有機會回到「能動腦筋、能自主活用」的正確軌道上；有機會改變語文與閱讀的教學模式，倒是美事一樁。教與學的方法正確了，未來輕鬆面對 PISA 測驗又有何難！

　　PISA 考題的最好價值是引發教學的變革。但要期待引發國內教學的變革，就不能過度誇張「標準化」或「神祕化」PISA 的考題。這反而會使得 PISA 考題變得死板，變成另一門龐雜而莫測高深的僵硬理論，這只會讓教學者反而望之卻步而已，對教學改善沒什麼大幫助！

回到教學，PISA 不足為懼！

　　語文學習的確要改變，要有更明確的台階可以逐步遞進。在每一堂教學中讓每個學生有機會「自己聽了、自己說了、自己讀了、自己寫了、自己想了、自己做了」這六件事，協助學習者一步一步從「讀懂」、「讀通」、「讀到能活用」，最後

「讀到能批判、鑑賞、能有自己的價值判斷」。如果達到這「懂、通、用、判」四層次的學階,過程中所獲得的能力和PISA 的要求就神似了。

教者和學習者靠著自己探索、相互協助以邁向「理解認知的懂」、「推理、分析、歸納、彙總的通」、「演繹與遷移的用」、「反思與批判的判」四種層次的能力。不只階段性學習和 PISA 考題都能輕鬆應對,連面對現實生活也不足無懼。

語文學習的四個層次

	學習策略	對應 PISA 的命題型態
第一層	讀懂文章中簡單的敘述語意。	能直接從文章中「擷取資訊」找出答案。
第二層	推理或分析,讀通文章的蛛絲馬跡。	能從幾個敘述中找到相互關係,推理與演繹文意。
第三層	濃縮出正確的核心意涵,變成自己的「成長鷹架」,再依樣畫葫蘆的學著做。	提出自己的批判與鑑賞等看法。
第四層	結合自己的經驗世界,比對與深度思索自己的觀點。	

教學正確，實用就不只是實用

　　「教育即生活」，一堂負責任的教學，應教會學習者完整的能力，不只讓學生能遊刃有餘的面對任何型態的考題，更要能利用所學好好生活。好的考題就是要考出這不同層次的能力！教學者設計考題宜拋棄傳統框架，重新考量自己的命題是否層層兼顧？是否注意：

第一層	考孩子讀懂了沒？（從文章的敘述中就能找到答案）
第二層	考孩子能否動腦想想、考孩子讀通了沒？（從文章的幾個敘述中找到相互的關係）
第三層	考孩子學會動手整理，學會活用沒？（從文章的敘述中整理出文章的核心意涵）
第四層	考孩子有沒有自己的想法？（將文章意涵延伸到學生自己的經驗世界，澄清文字背後的真實生活意涵）

　　教學與評量正確了，學生只要能「讀懂」、「讀通」任何一篇文章，「能活用」、「能形塑自己的價值判斷」，實用語文就不只是實用。讀通、活用後，就算鑑賞語言也不會只有鑑賞功能了！

什麼教材都是好教材，也都是好題目

　　對教與學而言，學習素材向來都不是太大的問題。好的資料是好教材，可以當典範；不夠完整的資料即使不能當典範，

也可以拿來當「修整」的素材。能夠用來改寫、補強、批判的教材，也都是好教材。設計優質測驗題目未必需要刻意選擇名家大作，尋常日子都會接觸到的資訊也適合當素材。

降低標準答案的神聖地位，比高下是最微不足道的目的

正確答案是另一個需要調整的評量盲點，特別是對於能獨立思考的學生，清楚對焦答案意涵的敘述，或只是合理的答案，也都該給分。設法減低標準答案的神聖地位吧！參考答案不必有絕對的拘束性，反而是學習者合情合理的說明而破格給分是必要的。在分數上「比高下」是測驗最微不足道的目的！

能夠校準學習方向，才是測驗或評量的重要目的。一旦評量做對了、也做到了，才能真正回到教與學的本懷，相信這也是教師設計教學評量或當前國家升學考試所追求的目標。測驗永遠都不是主角，測驗只是為教學服務而已。

教學正確，就很 PISA ！

下文是一題參考示例，從〈好讀週報〉中選取一篇文章出題，以 15 歲學生為評量對象設計。因應國內學生測驗習慣與閱卷的困難，不免俗的仍以測驗題為主。但仍然有少量的非測驗題，以看出完整的表述能力。

每一則題目由淺到深，兼顧四種學習層次的各個面向。學習者不經推理和思考，很難正確作答。但題目的難度也不是刻

意設計來為難學生，在學習過程中能動腦筋思考的學習者，應很容易作答。教學者宜參考這份測驗的命題方向，相信如此一來，教學者與作答的學生，都將不再畏懼國際評量了。

PISA 題型

賈伯斯的人生 3 堂課

12

2011
10.10
Mon.
讀報力

聯合報

蘋果公司共同創辦人賈伯斯 2005 年應邀到加州史丹福大學畢業典禮上演講，這篇後來稱為「賈伯斯的人生三堂課」的講稿曾感動無數人，在他過世後，日前再度被網友瘋狂轉貼。演說中他談到對死亡的看法、創業歷程和人生哲學，堪稱賈伯斯畢生歷練的精華。《好讀》摘錄部分內容，讓讀者回顧這篇歷史性演說。

今天，我很榮幸和各位一同參加全球第一流大學的畢業典禮。本人大學沒畢業。老實說，這是我離大學畢業最近的一刻。今天我只說 3 個親身的故事。沒什麼了不起。就是 3 個故事。

🍎 故事 1：
人生點滴如何串起

我在里德學院念了 6 個月就休學，但多待了 18 個月才離校。為什麼？

我生母是年輕、未婚的大學研究生，她要讓有大學學歷的夫婦收養我。但後來我生母發現，我現在的媽媽大學沒畢業，我現在的爸爸連高中都沒畢業，她拒絕在收養文件上簽名。直到我的養父母承諾將來會讓我上大學，她才改變心意。

17 年後，我真的上大學了。但我選了一所學費幾乎跟史丹福一樣貴的學校。6 個月後，我看不出念大學的價值，而我在這花光父母畢生積蓄，於是我決定休學。現在來看，這是我這輩子做過最好的決定之一。一休學，我再也不上沒興趣的必修課，開始上有意思的課。**那時候基於好奇心和直覺碰巧栽進去的事物，後來大多都成了無價之寶。**

里德學院當時的英文書法課大概是全國最好的，我決定學書法。我學到襯線字體與無襯線字體，學會在不同的字母組合間變換間距，認識活版印刷偉大之處。

我從未期待這些東西能在人生中發揮實際作用。然而，10年後在設計第一台麥金塔電腦時，我們把這些想法都納入麥金塔系統的程式設計。這是第一部具有優美字體的電腦。假如我沒輟學，我就不會去旁聽書法課，所有個人電腦恐怕都不會有今天各種優美的字體。

各位無法預先串連人生的點滴，只能在回顧時將其串連起來。各位必須相信某些事情——直覺、天命、人生、因果……這樣的想法從未讓我失望，也讓我的人生變得更美好。

故事 2：
關於愛與失去

我20歲在父母親的車庫創辦蘋果電腦。10年後，蘋果電腦成為價值20億美元、員工超過4千人的公司。然後我被解雇了。

我有好幾個月不知該如何是好，我是個眾所周知的失敗者，**然而我慢慢領悟，我仍然喜歡我本來做的事，即使人們否定我，可是我還是愛做那些事情。**

被蘋果炒魷魚後來變成我人生中最棒的遭遇。成功的沉重被重新創業的輕鬆取代，每件事都少一點確定，讓我進入人生中最有創意的階段。

接下來5年，我創辦了NeXT，又創辦另一家叫皮克斯的公司，還愛上了一個非常好的女人，她成為我的妻子。皮克斯後來製作了世上第一部電腦動畫劇情長片《玩具總動員》。而在奇特的形勢變化下，蘋果買下NeXT，我重新回到蘋果，我們在NeXT發展的技術成了蘋果重振雄風的關鍵。

有時候，老天會拿磚塊砸你的頭。不要失去信心。你必須找到你的所愛，對工作、對愛情都一樣。要做偉大的事，唯一方法就是做你愛做的事。如果你還沒找到，繼續觀察，不要停止。全心全意去找，發現時自然會知道。

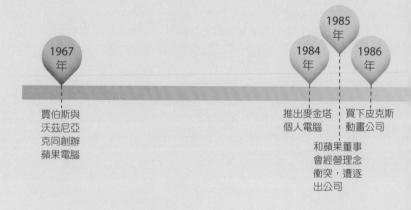

1967年

賈伯斯與沃茲尼亞克同創辦蘋果電腦

1984年

推出麥金塔個人電腦

1985年

和蘋果董事會經營理念衝突，遭逐出公司

1986年

買下皮克斯動畫公司

文章轉載自好讀周報 127 期 2011 年 10 月 10 日 12 版

故事 3：關於死亡

17 歲時讀到的一則格言影響了我：「把每一天都當成生命中的最後一天，你終會找到人生的方向。」過去 33 年，每天早上我都會攬鏡自問：「如果今天是我人生的最後一天，我會想做我今天要做的事嗎？」

提醒自己快死了，是我在做重大決定時最重要的工具。因為所有外界期望、所有名譽、所有對困窘或失敗的恐懼，在面對死亡時，全都消失了，只有最重要的東西才會留下。提醒自己你快死了，是避免掉進患得患失的陷阱。你本來就一無所有，沒什麼理由不順心而為。

1 年前，我被判定得癌症。早上 7 點半做斷層掃描時，發現胰臟裡有腫瘤，醫生說我頂多再活 3 到 6 個月。醫生要我回家交代後事。診斷結果讓我想了一整天。傍晚我被帶去做切片。我打了麻醉，但是我太太在場，她後來告訴我，當在顯微鏡下看見細胞時，醫生們都驚呼，因為這是一種很少見、可用手術治癒的胰臟癌，後來我接受手術，現在沒事了。

那是我最靠近死神的一刻，**死亡是我們共同的宿命，人生苦短，不要浪費時間活在別人的陰影裡；不要被教條困住，活在別人思考的結果裡。不要讓他人意見的雜音壓過自己的心聲。最重要的，有勇氣去追隨自己的內心與直覺。它們已經知道你真的想成為什麼樣的人。**

我年輕時有本很棒的刊物叫做《全球目錄》，最後一期的封底有張清晨鄉間公路的照片，那是某種夠有冒險精神的人可能會在那裡搭便車的路。照片下面有一段話：**「求知若渴，虛心若愚。」**那是他們停刊的告別辭。求知若渴，虛心若愚，我一直以此自許。各位現在畢業了，我也以此期許各位：求知若渴，虛心若愚。

非常謝謝大家。

（摘自聯合報／編譯張佑生翻譯）

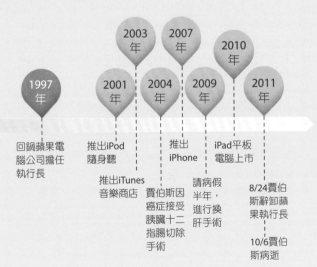

1997年 回鍋蘋果電腦公司擔任執行長

2001年 推出iPod隨身聽／推出iTunes音樂商店

2003年 賈伯斯因癌症接受胰臟十二指腸切除手術

2004年 推出iPhone

2007年 請病假半年，進行換肝手術

2009年 iPad平板電腦上市

2010年 8/24賈伯斯辭卸蘋果執行長／10/6賈伯斯病逝

2011年

▶**出題選文**

語文學習應不侷限文學，時事、演講稿、科普等也都是不錯的選文。

▶**測驗題目**

結合生活中的實例出題，除了檢測活用能力外還能看出學習效果的遷移。

■ 蘋果公司共同創辦人賈伯斯 2005 年應邀到加州史丹福大學畢業典禮上演講，這篇後來稱為「賈伯斯的人生三堂課」的講稿感動了無數人。同學們，請根據這篇講稿回答下列問題：

一、選擇題

1. （　）為何賈伯斯認為休學是他做過最好的決定之一，因為休學後他有什麼際遇？

A. 他才有機會認識他美麗的妻子。

B. 讓他有更多時間到處遊歷。

C. 讓他有機會上最好的英文書法課。

D. 讓他不致於花光父母畢生的積蓄。

2. （　）為何賈伯斯認為被蘋果解雇是他人生中最棒的遭遇？

A. 他相信直覺、天命、人生、因果不能違背。

B. 他常提醒自己快死了，不要活在別人的陰影中。

C. 蘋果電腦價值 20 億、員工超過四千人，他已沒有能力駕馭。

D. 創辦 NEXT 及皮克斯，還愛上一個非常好的女人。

3. （　）賈伯斯被診斷出可用手術治癒的胰臟癌，後來接受手術治療請問這治療讓他多活了幾年？

A. 3 年。　　B. 6 年。　　C. 7 年。　　D. 9 年。

4. （　）依本文的內涵，你認為下列哪一句話是本文最具代表性
的座右銘？
A. 本來就一無所有，沒什麼理由不順心。
B. 要永遠保持「求知若渴，虛心若愚」。
C. 每件事都少一點確定，人生就會更具創意。
D. 要做偉大的事，不要只想做愛做的事。

5. （　）賈伯斯對被蘋果炒魷魚的遭遇說了這句話：「成功的沉
重被重新創業的輕鬆取代」、「每件事都少一點確定，讓我進
入人生中最有創意的階段。」下面哪一項不是這段話的本意？
A. 成功之後，盛名和營收壓力很大，經營壓力變得異常沉重。
B. 重新創業，從零開始就可以海闊天空，想要怎麼變都輕鬆。
C. 成功之後，常受限於舊有的成功模式，創意變得綁手綁腳。
D. 賈伯斯喜歡重新創業更甚於成功，因為可以擺脫沉重壓力。

二、問答題
賈伯斯說完三個故事後，以一段「求知若渴，虛心若愚」的自許結
束講演，你認為他用這句自許結語有何目的？

....

....

....

參考答案：
1.C 2.D 3.C 4.B 5.D

【問答題1】
【滿分】
三個故事說「勇敢做你愛做的事」、「作自己，不要浪費時間活在別人的陰影裡」的生
命原則。而「求知若渴，虛心若愚」的自許恰是「勇敢作自己」的第一步行動。要永遠
保持虛心學習的心與行動而行動更重要。

【部分分數】
要永遠保持求知的心。

第4篇

讓教與學回到
真實世界

　　教學的改變沒有捷徑，也不能只是呼口號。每個教學者都要回到教室、回到真實的世界，去鍛鍊自己的教學能力。如此一來，教學的改變才會有效。理論、要領、策略，統統比不上做好一個小細節。一堂有效又有趣的課程，需要哪些元素？本篇將提供參考資料，以便教學者靈活運用。

　　此外，教室的環境就如同每個成人所處的環境一樣，既要面對事（教材），也要面對人（每個孩子都不同）。真的是「有幾個孩子，就有幾種不同的反應與問題」，班級經營一點都不簡單。不過也不是真的難如登天，只要方向抓緊，看清楚問題的真相，不難抓到一些「眉眉角角」。參考其他老師分享的成功，互相提醒、彼此借鏡，帶好每個孩子，真的可能！

第一章 # 回到教室，
回到真實的世界

教育改變不只要大方向，更要小細節

　　教育與學習，有千百年「過去式」的包袱：學生背負「成績」的壓力；老師肩挑「進度」的重擔；家長潛藏「競爭」的恐慌。老師戰戰兢兢的「照著書教」，深怕進度落後或少教了一點什麼，殊不知這教學進度的列車，老早就將一群該在車上的學生拋出車外了，就算趕完進度又如何？

　　學生被迫三更燈火五更雞的搶奪成績，殊不知在變化萬端的網路世代，不論是升學或是生活，這份看不到態度與創意的傳統成績單，老早就不再是護身符了！

　　至於家長與社會大眾那份潛藏在內心深處的競爭恐慌更沒來由！這個隨時「更新版本」的多變年代，隨時都會冒出來一堆新型態工作，近年來每個人投入的維生工作經常變換，以前賴以為生的「一技之長」，必須不斷的轉換成「第二或第三專長」，每個人漸漸習慣的生活能力總是被迫快速更動，社會上「真實的競爭」，老早不再是家長心裡所想像或擔心的那個老樣貌，這些事實，相信家長也都明白。惟獨一回到孩子的教養，大家又死守「只有讀書高」的老窠臼！

　　只要有機會給大人深刻的沉澱與反思的機會，大人們最終也不難發現「怕輸在起跑點」、「怕輸給同學」、「怕搶不到好學校」這些莫名的恐慌，在孩子未來生活的新世界中，根本是多餘的！在多變的年代，只有不斷改變的教育與學習，才是不得不的「必然」。

■ 拿人腦和電腦 PK 記憶力？

　　教育的每一項「改變」都「知易行難」。這年頭，多數國家與地區都同樣將教改喊得震天價響，但真做出能讓人「心嚮往之」的變革、能持續有效的行動，還是少之又少。所以，當隨身電腦早已能即時提供所有知識的今天，千年之前《師說》中瑣碎的「句讀之學」，卻還是「習慣性」的占滿整個課堂，寧不怪哉。

　　日新又新的世界，人們每天都得迎向「陌生」，每天都得靠創意解決前所未見的陌生問題才能生存。當解決問題所需要的創意能力、積極主動的態度，成了新世代主要的生存能力時，教室裡卻還只是「單向」的教學，還只是「老師拚命講，學生一味聽」，徒然讓教室幾乎成了「能力與態度」的墳場！

　　儘管教育改革多年，卻還是無法撼動教與學的核心價值。教室淨是傳授那些一走出教室就唾手可得的知識、死記那些打開手機就能搜尋得到的「死」資料。教室、學校，甚至是各級考試，張揚的還是靠著記憶的死功夫堆砌出來的成績單。老師、家長、官員、學者專家，總在成績單面前，有志一同的忘了這是個網路暢行、記憶力難敵電腦的年代、忘了「歸納、分析、演繹、創意、發展、靈活運用」這些高階的核心能力，和

「積極、主動、團隊合作」等等態度，才該是人們活得下去的依靠、才是教育中理所當然該有的主流價值。

■ 小心，不要總是越改越壞！

　　近幾年，先進國家新生兒的人口數變少了，國際競爭變得艱困，國內的教育經營者和主事者，終於試圖拋棄那些口號式的改革，開始想要有些叫人耳目一新的深度變革，可惜大抵都還沒能發展出好的結果。例如：因應世代變遷、時空變異，國際組織與先進國家的重要學習評量或測驗陸陸續續轉換上全新風貌，如：PISA 等。國內各項大型考試比日本、中國的學力測驗轉型得更早，大型考試如升大學的「學測」或升高中的「基測」，不少考題拋棄傳統的刻板題型，都已有一、二十年的歷史了！在延長國民基本教育到十二年的同時，甚至將「基測」改變成更重視全部學生，更能看到學習效能的「會考」。

　　可惜，經歷這幾輪大的考試變革，教育現場的老師或家長，還是漠視的居多，大多數堅持以不變應萬變，教室裡還是走不出傳統填鴨與高壓的學習模式。這改革還有更糟糕的結果：當刻板填鴨的記憶學習「注定」無法應付變革後的靈活考題時，大人們僵固的腦子不去思考該改變教學方法，卻反而淨想著如何再延長孩子的學習時間、再添加學習內容與壓力、再多一些補習，還美其名為營造「有競爭力的學習環境」！這麼一來，任何一輪測驗與制度的變革，不只無法撼動僵化教學，反而加長了學習時間、加重了學生的功課負擔，一而再、再而三的惡性循環，學習負擔與學習效果每況愈下就不問可知了！

　　這些教人耳目一新的深度變革，無法深入到教室內的教學

細節，家長與社會大眾的方法不改變，學習內容又不斷增加，孩子的學習當然成了極苦的差事。

■ 只要有一處小細節「迎向每一個孩子」就好

　　日本近年興起的「佐藤經驗」、佐藤的教育奇蹟、「秋田經驗」、秋田小學學力全國第一的祕密，其實都不過是改變教學方法，將改革的力道深入到教室內的教學細節，務實的將「學習法」與時俱進的做實罷了！

　　然而這「將教學細節做實了」的硬工夫，卻要每個大人都重新謙卑的面對受教的每一個學生、重新面對自己的不足，這功夫更需要長時間一點一滴的累積改變的能力。這不只要勇氣，更需要毅力，所以很難呀！

　　但是想想，一旦學校、家長、教師，任何一個角色能在學習方法或教學經營技巧的小細節上，務實的「迎向每一個孩子」、務實的做出一點點有效能的改變，只要能點點滴滴，細膩的「加上一點點好方法」，不論是從家庭的餐桌或是學校的講台、不論是父母的枕邊故事或是教師的評量設計。「魔鬼藏在細節裡」，其實「天使也藏在細節裡」呀！如此一來，孩子的學習就能發展出很好的成效呢！光是這麼一想，心頭還是會熱呼起來！

鍛鍊教學能力，回到每一堂真實的課堂去！

　　這個世代的最大特色就是「改變」，沒有一個官方或民間部門不是天天嚷嚷著要改革！每個人莫不口口聲聲談改變，但

每每都是談歸談，臨到真要改變了、真要去做了，主事者就習慣性的又回到幾十年的老作法：「改變不過就是開幾場會熱鬧宣告一番，再委託專家辦理許多老生常談、不痛不癢的樣板研習，然後彷彿一切都已大功告成。」（這些專家通常在改變之前就已經當家了。怪的是：正因這幾十年來沒將事情做對，才需要改變，最後怎麼還是由他們主持改變呢？唉！）

而這些「改變」的研習會場更是有趣，出現的也淨是僕僕風塵、多次參與研習的老面孔，或是輪流排班應卯的生面孔。多數真該來的人，卻都不曾見著。這些來人，幾乎都能在到場前，就正確預測研習的陳腔濫調。多數老師討厭研習，雖然牽扯因素極多，但這些無大用處的研習徒然虛耗生命，該也是一項主因吧！

■ 教學經營不是光靠理論、要領、策略可改變

「教學」該是最專業的事！面對每一個班三十多個需求與特質都不一的孩子，老師該有三十餘種應對的教法，怎能不專業？所以，教學經營的層次應該升級成「藝術」，不只是反覆操作同一個動作的技術工作而已。

操作技術要求「熟練」。對比「藝術」，技術學習的難度通常較低，像拆輪胎、打釘、鑽牆、大量生產的流程工作等，就連變魔術這種看似神奇的技術，也都是步驟明確的技術工作。學習者得在聽懂了、學會了之後，只要下決心反覆操作便能學得會。

但藝術就有些許不同了，「藝術」除了熟練之外，還得超越熟練，而能隨心所欲的千變萬化，因為藝術不能是千篇一律

的「大量」生產啊!

教學也是如此,同一堂課的每個孩子的學習模式不同、先備能力不同、所成長的社區不同、學習需求不同、教學上每套教材也都不同,每個時空情境更會不停變化。所以每一個教學者引導學生或雕塑班級的手法,自然也都該因人、因地、因時而改變。老師不是佛陀,不可能「佛以一音演說法,眾生隨類各得解」,要靠嫻熟的技術、深刻的素養、教者與學者的同理心態,還要認真的看到眼前每一個真實的孩子,才能隨人、隨境、隨心展現藝術般的教學手法。

教學工作要達到滿足所有差異的藝術境界,老師的教學能力就該日日時時提升。如同藝術工作者的本事,教學能力的鍛鍊不可能單靠「看」或「聽」就學會。所以想光靠看或聽一場研習就學會「教」,光靠「理論」與「作法」、「要領」、「策略」就學會改變,真是緣木求魚!

■ 教學本事的鍛鍊自然得在教室

教學能力唯有在千錘百鍊的現場磨練中,才能提升;老師須真心懇切的從不同學習者的角度、從多元實用的立場,鍛鍊有用的能力與態度。下功夫重新深入探究每一則教材,是最基本的功夫。一而再的解構教材、再建構教材,將教材與孩子的生活世界連結,這教材才可能活絡起來,才能展現「以學生為中心」的教學設計。

進一步的「教學經營」本事,老師只能在反覆的教學實作中體驗、批判、衝撞、覺察、反思、沉澱,最後整理出:設計提問、引領討論、回答問題、激發動力、擴大延伸、補救弱勢

等等「實戰」的教學經營技巧。教材準備的基本功夫,與教學經營的真實本領,都離不開學生、離不開現場。所以,教學本事該回到教室鍛鍊,教育改革或教學改變的研習也自然該回到一整班、一整班的學生面前,回到真真實實的「一堂課」中去體驗、反思、沉澱,才有機會一步一步緩緩提升。

■ 只是「好好教書」,一不小心就教出一堆古人!

傳統官方、校長、家長對老師的期待大都僅僅停留在「好好教書」。可是「好好教書」這四個字實在很弔詭。過去在農業或工業社會,書上所記載的知識幾乎千秋萬代一體適用,書本上所能學到的資料果然已遠遠超越社會需求,「好好教書」這經典的四字還勉強堪用。但到了今天,知識保鮮期不足五年,書本上所能學到的資料遠遠不及社會需求,「好好教書」就變得危險異常!因為「好好教書」的老師眼中很可能只有「一體適用」的書,而沒有「個別差異」的學生,也沒有社會上「活用創意」的高階需求。

在這個只要伸伸手指就能輕鬆搜尋到資料的時代,「好好教書」的老師卻逼使孩子遺失了在這個世代活下去的能力!那些滿腦子一體適用的老師常搭配神聖不可侵犯的「標準答案」,而這更扼殺了所有的創意和活力。只要求老師「好好教」、只要求學生認真聽,在極需活力與創意的今天,不經意就會教出一堆古人。

例如:教學現場上的「好好教書」先生,依循多年傳統,面對新的課文,總是先教「生字詞」,卻沒問過為什麼一定要這樣教?這樣教有效嗎?孩子不會寫或寫錯字的原因,只是因

為沒有多加練習嗎？有沒有更好的方法可以讓孩子更快更正確的學會？愛畫畫的幼兒，可以用畫畫來學習生字詞嗎？「好好教書」讓原本只是陌生的生字詞，漸漸惡化為「生厭」的生字詞！這樣的學習，果然能快速讓孩子討厭語文學習呀！再例如：「好好教書」的老師，依循傳統的方法讓孩子花費不少時間朗誦課文，卻不問為什麼一定要朗誦？有效嗎？朗誦時，他的心思還在教室裡嗎？有更好的方法嗎？這聲勢非凡的齊聲朗誦雖顯得熱絡，但事實上，孩子只是念經一般的「口誦而心不惟」，老師只將書本教完，學生只將課文念完，最後也沒能學好。這不是孩子不用功或是天賦欠佳的問題，而是沒有因人、因地、因時不同，而運用各種不同的適性教學法罷了。這「好好教書」，還真該送入歷史遺蹟中才好。

■ 失去教科書後，教學才開始有生機

　　看來要邁開教學進步的步子，得要先擺脫社會大眾對「好好教書」的迷思甚至還得先挪開課本，這教育才可能有解！多變的社會需求、多元的學生差異、快速的知識更迭、激烈的國際競爭，沒有誰能編出一本「最好的教科書」！學校或教師只能先試著以小規模經營的方式開始，拋開課本的依靠，建構專屬學生、專屬老師的特色課程與教學，將教學轉回到生活的真實面，轉回到每個孩子的身上。

　　在沒有聖經般課本的教室中，可以發展出真正適性、真正因地、因人制宜的教材；在沒有「備課寶典」的講桌前，老師能仔細端詳面前的孩子，擬出有效能的提問或學習步驟；在沒有「題庫」代工下，老師才能下功夫，設計出真正能檢視孩子

「聽、說、讀、寫、想（思考）、做（操作）」能力的考題。在沒有教學進度的盲目壓力下，老師才能盯緊孩子滿載的、奔馳的學習動力。這樣一來，教室與學習才可能發展出精采的新風貌。

起步其實不難

「好方法」在真實的教學現場能引發真正的感動，這感動讓改變這一件事不再遙不可及。只要大人能有心、能持續的找對方法，自然可以「一燈照破千年案」。想想，教學改變的起步，其實不難。

下文是一位半資深的學校老師在一天觀課後的回饋，其實觸發這些感動的，也不過就是來自教學技術與細節上「理當要做」的事而已！

林老師好：

辛苦了！麻煩您從北部到雲林來幫助孩子、老師，謝謝！

今天再次聆聽林老師您的「深度閱讀」指導，這是第二次了，感覺更強烈、更有收穫。記得在聽過老師的第一次深度閱讀後，自己背誦一篇文章，效果比之前自己死記硬記還好，就對深度閱讀有信心。只是有信心的我，真正在孩子身上嘗試，發現還有許多該改進的空間，比如說：

把文章拆分成幾個小故事（幾小段）；

給每一個段落一個故事（主題）做聯想；

解構一段文字、分析內容。

看著林老師與孩子們愉快的問答，孩子們一邊思考一邊講出心裡的答案，那種自信和愉快表情，我心想：這才是教學！我這個班的孩子們讓林老師指導過後，對將來我利用深度閱讀指導來做教學，肯定會有事半功倍的效用，真是太感謝您了！

記得您提到學習效能金字塔，光聽老師講解的效果只有 5%，但極度自信又好為人師的我，之前常不自覺犯這不該犯的毛病。這幾天我試著讓孩子多發表（內心雖然急著想糾正孩子），我發現孩子在發表的過程中，產生了許多令我意外的收穫。孩子們對新老師的我不再陌生、孩子們開始不再畏縮、孩子們開始更有自信、孩子們臉上掛滿更多的笑容。是啊！教育不正是令孩子們在快樂中學習成長嗎？以前動不動就生氣罵孩子：這麼簡單，怎麼你都不會？原來真正的問題出在我自己的方法不對，唉！

最後林老師您讓孩子們模仿寫作，甚至結合學校特色讓孩子們仿寫，讓孩子們從最貼近他們生活的學校出發，許多孩子特別有想法，周遭的山、水、景物一一進入文章中，孩子們很開心。並沒有以前我要求孩子們寫作時的制式回應：「啊……可不可以不要？」我想：這就是好方法就有好結果的再次印證。

相信今天孩子們有很多的收穫，我也是！謝謝您！祝老師您

事事順心

想改變也不難,幫忙準備好改變的「菜單」

有些學校想下一番功夫改變教學,有些老師也想自己嘗試看看不同的教學體驗。我整理過往協助老師與學校的經驗,彙總這一張簡單的表件,提供學校、老師作自我檢視與相互觀課的參考,這對「翻轉教學」或許有些許引路功能(見參考資料一)。

一所想要進行教學改變的學校,最基礎的工作就是有系統的增進老師的教學認知。這裡提供四個基礎的研修場次規劃作為參考(見參考資料二)。

針對想要進行教學改變的老師,若想有效提升自己的教學品質,我也提供一份簡單的教學設計表格,按圖操作或許有助於一堂課的掌握。(見參考資料三)

■ 參考資料一:自我檢視與觀課要領 　給學校與老師

內容軸向	一堂有效、有趣的教學參考指標
1. 教學目標(要能藉由評量來檢核的目標)	☐ 1. 每個單元教學後,學生能發展出聽、說、讀、寫、思考與操作六項目標能力。 ☐ 2. 所有目標都要能在本單元教學中即時完成,勿寄望在學生的回家功課上。 ☐ 3. 評量設計要多元,要能診斷出教學是否有效,切忌只做紙筆測驗(評量考的是老師的教學,而不是只考學生)。 ☐ 4. 絕大多數學生當堂課就要學會所有學習素材,不會者要立刻用不同的方法補救。

2. 教材與教學設計	☐ 1. 一定要事先合宜的解構、分析、重組（再解構）教材。 ☐ 2. 要找到核心意涵與最有吸引力的切入點，設計提問以引發孩子討論。 ☐ 3. 尋找合適的生活媒材（圖片、影片、活動等）融入教學，讓孩子操作。 ☐ 4. 和學生一樣闔起課本，檢視是否完全學會整套教材的每個細節與流程。
3. 教學活動與實施流程	☐ 1. 將教材結構轉化成符合學生需求、有趣且有效的實施流程。 ☐ 2. 掌握教材之核心價值與學習重點，螺旋式的逐步加深、加強「熟練」的效能。 ☐ 3. 善用分組與合作學習，引發學習者發表與思考的樂趣。 ☐ 4. 設計具體的學生學習產出，讓學習動力與效能都能一目了然。 ☐ 5. 建構學生深刻的學習成就與表現機會（成就平台），讓所有學生都得到成就感。 ☐ 6. 教師要習慣製造機會並找到時間，走下講台、走近學生，才能協助到每個人。
4. 情境與延伸的設計	☐ 教學中要充分掌握每一個教室角落與情境，並提供每個學生表現或思考成長的機會。

■ 參考資料二：翻轉教學的四堂基礎課程　　給政府與學校

第一次研習 找到典範的 鷹架篇	☐ 1. 探討「成就每一個孩子」的教學成功案例。 ☐ 2. 藉典範與案例分享探索教學成長的鷹架。
第一次研習 教材深究與 設計篇	☐ 1. 找出教材的核心意涵與學習結構。 ☐ 2. 教材的解構與再結構，依循教材結構去鋪陳教學流程。 ☐ 3. 提問設計與藉由問題去歸納統整的設計。 ☐ 4. 尋找即時評量與衍生或補救的素材。
第二次研習 合作學習與 學生本位篇	☐ 1. 探討「分組教學」、合作學習的成功關鍵與難處。 ☐ 2. 熟練引導討論的技巧與回應的要領。 ☐ 3. 探討學生自主式教學的成功元素與落地生根的實踐可能。 ☐ 4. 提供學生精熟學習的機制與建立能展現學生成就的平台。
第三次研習 班級經營與 親師互動篇	☐ 1. 找到學生的龍頭：合作學習的人力編組。 ☐ 2. 建立心情小語的交流：師生間多元、無形的溝通平台。 ☐ 3. 熟練用活動練兵的技巧：找到激發源源不絕的班級動力的活動。 ☐ 4. 一起帶領家長的竅門：親師互動的小技巧。

第二、三次的研習得在教學實際操作的現場進行，而且要多次反覆操作。有時可借助同儕相互觀察授課現況，並相互回饋，更有機會找出「成就每一個孩子」的關鍵能力。

給老師與家長

■ 參考資料三：備課摘要表～課前一定要備妥的七件事

設計教師：＿＿＿＿＿＿＿＿＿＿

領域學科與授課年級		教學單元名稱與時數	
一、教材核心概念或意涵			
二、簡要目標（一定要達到的目標）	能學會的知識： 能熟練的技巧： 能感受的情意：		

項目	涉及教材內容	提問問題
三、與生活連結的操作型教材案例		
四、教材結構分析與教學流程		
五、有助於精熟的練習設計		
六、簡單的評量設計		
七、學習產出或投入的活動		

第二章 最重要的第一堂課

　　班級經營有千百種面向，有千百項瑣事，有千百種困難。但歸結說來不過就是建立人與人的關係，和處理各種常態和非常態的問題，就「人」與「事」的兩件工作而已。再簡而言之，那就是做到和孩子交心罷了！

　　交心的要領也無他，真正看到問題就是了。因為看清問題很難，每個問題的背後都有一「海」的問題，不從那一大「海」著手，就很難看進一個人的內心呀！

　　所以我們試著從真實的案例中，找出兩項班級經營基本的信念或原則來分享：

　　一、通則之下永遠都該有合宜的例外：在處理「事」的通則中，找到包容例外個案的可能，認真經營每一個友善關係。

　　二、負面的事件永遠都有正面的價值：在衝突案例中去尋找班級經營最實用的策略，雖然班級經營不是只管衝突事件，但衝突卻是團體中一定會發生，也是最適合鍛鍊師生互動能力的機會。

　　好的信念就能產生好的策略。真正的好能力一定能夠遷移，「一點通，就點點通」，從一個小點切入，鍛鍊好能力，全面經營好一個班級不難呀！

一個故事：看清「問題背後的大問題」

這裡臨海，海風很大，早期除了番薯這種不畏環境險惡的作物之外，幾乎很難有其他養家活口的生計。近年附近開發了石化園區，經濟狀況有些許改善，但和其他地區相比，文化刺激的落差依然不小。

這所小學正位在這個小聚落邊緣，有一棟漂亮的教室，是石化園區的大公司回饋的新建築。新教室裡每班都有大約十餘位學生上課，人數雖然不多，卻是這個地區最穩定的學校了。

今天我進了一年級的班上數學課。年輕的級任老師上課很認真，以傳統老師的格局而言，算是很不錯的老師了。我接手上「二位數的計數」。一開始就利用很生活化的例題，要孩子們動手操作「花片」，孩子果然很快就明白算數的方法。打鐵趁熱，我請孩子們打開課本，要每個人都用最快的速度解決課本中的四題練習題。孩子們當成是玩遊戲。「開始！」在一聲口令之下，大家都快速的揮動小手，認真的寫呢！

■ 那男孩在桌子底下爬來爬去

在學生做功課的空檔是親近學生最好的機會。我巡視全班，突然發現講桌左前方的那位小男孩，連課本都沒打開，正忙著玩弄手上的鉛筆！靠近身旁問他：「為什麼沒寫？」小男孩沒回答半句話，眼神左右飄動，沒正眼看我。我沒生氣也沒多停留，只交代：「書本打開，趕快算喔！」我想降低「緊盯」的壓力，就緩步走開了！

我當然會偷偷觀察他。半晌，瞥見座位上的男孩還是沒動

191

筆！再度走近，這下子看清楚了，原來他手上的鉛筆沒了筆芯。我問：「有削鉛筆刀嗎？拿出來削一削快寫」、「或者拿出鉛筆盒，再拿另一枝筆寫好嗎？」這回我學乖了！沒走開。在我的注視下，男孩俯下身子忙著在抽屜中翻來攪去，有時還在座位底下像蛇一般爬上爬下，好不忙碌。定神看，看到他的另一隻手上握著一團短短的、扭曲的小布袋。

■ 筆芯還是好的，他的題目也都寫好了，而且寫對了

我站在一旁專注的看，想看他玩弄到幾時！突然發現，「啊！他手上拿的那團布條不就是筆袋嘛」！我問：「你只有一枝鉛筆？」男孩還是沒回答，依然沒正眼看我。我看見一旁老師的桌上恰好放了一枝削得很漂亮的鉛筆，拿起鉛筆，告訴他：「你用這枝筆寫！」我話沒說完，其他同學就異口同聲拉長音調說：「哦！那是老師的筆！」「老師的筆也可以先借用呀！」我回應其他孩子的抗議。

男孩停頓了一下，接過那枝漂亮的鉛筆振筆疾書，我擔心削得這麼尖的筆芯，他會不會又寫斷了？等我繞行一圈再回來，筆芯還是好的，而他的四個題目也都已經寫好了，而且寫對了。

大人要細察問題背後的「大問題」呀！他是用這麼複雜的肢體語言「說話」呢！從其他孩子的那一聲小抗議，推測這孩子與同學的人際關係應該也不融洽，甚至被判定為「問題孩子」都不無可能！表面上的他像個不守規矩的孩子，他也確實常有不守規矩的小動作，就像剛才一語不發、滿地爬上爬下那一幕，恐怕多數人都會看走眼吧！

　　事實上，弱勢才是他「問題背後的大問題」。「弱勢」這兩字背後可有千百個不容易看清的難題，每個難題都正困擾著他！這沉沉的擔子累積成深沉的自卑感，使他以擺動斷芯的鉛筆、晃動折彎的筆袋這麼複雜的肢體「說話」，那小腦袋想用這麼複雜的語言去維護他渺小的自尊心！內心一陣疼，真慶幸這一堂課我來了。

　　下課，臨離開學校，我請校長幫忙買半打鉛筆和一個削鉛筆刀送給男孩，日後，也請他們持續關照他。我相信：只要大人看到真正的問題，孩子會很優秀，整個班級都會很好的！

光「知道」不夠，充分練習「正確的表達」才夠

　　情緒是教學成功最關鍵但卻也是最難掌握的因素。不只是老師會有情緒，儘管學生的情緒常常隱無不顯，卻也絲毫不假的存在，兩者都深深的影響教學。

　　情緒很個人化，正如一個銅板敲不響，多數情緒也都是相互激盪產生的。班級經營就是提供師、生雙方一個最優質的情緒處理平台，以便營造一個最佳的學習氛圍。

　　雖然天氣、睡眠、健康、飢飽、工作都會影響情緒，例如：飯後或午後，精神狀況低迷，較難要求學生鬥志昂揚，這期間的訓斥很容易聽者藐藐；餐前飢腸轆轆，火氣不小，容易引發衝突。這些雖然也是重要變因，也是師、生互動時經常被忽略的因素，但都遠不及相互間語言與肢體表達的關鍵影響。因為引爆情緒的導火線常常只是一個眼神、一句話、一個小動作而已。觀察課室的互動狀況，不難發現十之八九的衝突都來

自「表達不當」，表達不當甚至會演變成教室暴力事件。

而更讓人遺憾的是：課室經營中發生「表達不當」的負面事件時，老師、家長經常只是扮演「教室警察」的角色，只負責判定是非對錯，頂多加上「事實上多此一舉」的耳提面命訓示。所以，衝突事件中最常聽到老師說的是：「你知道錯了嗎？」、「這樣做，你會不會？」或是「這樣說，你會不會？」然後，孩子低下頭，衝突事件似乎就此戛然而止，彷彿所有的錯誤從此煙消雲散，一切美好就此展開。

事實上，在處理衝突過程中不只需要知道「怎麼做才對」，這檔事如果根本沒有經過練習或學習，連孩子是否學會正確的察覺「你哪裡錯了」都令人存疑呢！所以，學生下一次「再犯」就一點都不意外了。

這種大人「想當然式」的班級經營模式，根源來自傳統的教學。傳統上，老師總是從高高在上、從指導者本位出發，總認為只要老師金口一開，「學生聽過了，自然就會做」。這種只要「知道了，就一定能做好」的不正確認知，忽略長年來連大人也都明知故犯的事實，老師、父母都做不到的事，何獨要求學生一聽就能做到？

錯誤會反覆發生，光是「知道了」是不夠的，充分練習「正確的表達」，才能確保學會或改過！好習慣一定需要時間練習與琢磨的。

面對課室中一定會發生的負面事件，該怎麼做？以下有三點可以參考的方向。

一、負面事件也會有正面意義：不帶情緒，才能處理問題。

　　班級經營不全然都是導師的責任。不論是擔任導師或是專業科目的科任導師，每個人都負有班級經營的完全責任，當然也包括學生的父母。

　　初接一個班級，一定要找個好機會，完完整整的上好一堂班級經營的課。說「找個好機會」，是因為像這種沒有教科書可依循，在課表上又顯示不出來的課程，要傳達的還是「應對進退」這種「看不到，捉不準」的生活態度，教學成效也是隱晦難顯，當然得找適當的時機，才能既正當又有效的上課。這正是「隨機逗教」之必須了！否則，莫名其妙的集合全班學生，大彈「老生常談」的老調，不只不能引發共鳴，還會惹人厭煩呢！

　　所謂「伺機」，就是等待一個「壞事」的發生！當一個負面事件發生了，就該引來「文王一怒安天下」的教化效果。「我等著你來！」這種「有備」的心態，也能讓老師情緒平和的去面對壞事、去經營課程呀！

　　如果在「接一個班級」之始，就發生學生間的衝突事件或是師生摩擦，教學者不只不必「動氣」，還應該慶幸呢！慶幸有機會早早進行這該來的第一堂課！這樣的心理建設對教學者助益不小，只要教師與學生雙方中有一方不帶情緒，問題處理的契機就浮現了。

　　二、班級經營要邀請全員參加：凝聚共識，形成同儕的正向壓力。

　　一般的衝突事件必然有「甲、乙兩造」的當事雙方，但班級教室裡的衝突事件還有難以迴避的第三者──班上的其他學生。順著「規過暗室」的古訓，為了要顧慮當事人的自尊心，

通常前輩都教老師們不在大庭廣眾下處理衝突事件，但氣急敗壞的大人哪顧得了這許多！所以通常下場都不好。

但「規過暗室」並非不能改變的鐵則，當老師有備而來，等著要進行這堂重要的「班級經營課程」時，就得讓全班或多數學生一起參與了。在經過設計的課程中，如能借助全班的力量，去形成「是非對錯」的團體共識，對日後建立正確的行為規準，會有意想不到的效果呢！但是一定要妥善規劃才能執行，不帶情緒，技巧的「規過公堂」也會是好事。

三、「規過」要先打好地基以避免傷害：學生有犯錯的權利和學習的義務。

「規過公堂」要先「打地基」的，「打地基」這工作萬萬不能或缺。進入處理流程之前，老師得要做到「其言也溫」的懇切建立共識：「人難免犯錯，學生有犯錯的權利，無須苛責。但學生也同時有學習的義務，知錯就要學會改錯」、「犯錯並不可恥，只要找到正確的改過方法，犯錯也具有學習的正面意義」、「處理流程，讓所有同學有機會一起學會正確的處事或表達方法，這就是一堂好課程」、「在心裡感謝這一次犯錯的人，他的犯錯提供我們一次好的學習機會」等。

說清楚潛在的真理，可消弭犯錯一方的心理壓力，也舒緩另一當事人和所有學生的情緒。這過程會花一點時間，這時間也恰能稍稍冷卻雙方的情緒，正所謂「先處理感情，再處理事情」。如果老師能用自己過去的類似經驗來佐證，「知錯、改錯、分享」的地基會更容易引發學生共鳴。這堂課就顯得「親民」多了！

大海才是海浪的真相，每個問題的背後都有一「海」的問

題，不從那一大「海」著手，很難看清問題！

四、一定要深層的澄清是非曲直：從當事人與第三者口中友善的說出是非與價值。

衝突，通常都不只是單純的一句不中聽的話語或動作而已。大海才是海浪的真相，衝突所關聯的內涵何其多？不同的生活背景、不同的價值觀、不同的表達模式，無一不是。例如，「你好啊」這一句熱情的打招呼，音調有差異，配上不同的情境就可能變成挑釁。一個斜視的眼神、一個不經意的冷笑話，都可能引發出乎意表的衝突。

世代或環境差異也是一例。少子化而獨自成長的小孩，生活經驗中連問別人要東西的經驗都沒有，有時「偷」或「鴨霸」的指控，不過就是不會「先問過再取用而已」。所以說，不論是語言或動作的衝突，大都只是外相而已！了解事實真相，探索更深層的意義，澄清價值差異，找出「錯誤之所在，正確之所在」才有正面價值。

澄清「錯誤之所在，正確之所在」的過程中，由第三者的同儕團體說出「是非真相」，較有機會形成集體共識。只要提問的口氣柔軟，澄清時充分顧慮雙方的背景，確認：「這是你原來的想法嗎？」、「這是你當時的目的嗎？」、「你原來的想法是什麼？」、「你當時想要表達的是什麼？」

連「話語、動作、表情、知識」這些可能引發衝突的細微真相，都一層一層的釐清。讓每句衝突的話語或動作都「不被誤會」，是鬆解雙方情緒的關鍵。讓當事人都能真正理解別人的本意，這種「不被誤會」的信任感能提高當事人的安全感。

只是，這些澄清的話不能只從老師的口中說出來！要不，可能會有一點訓人的感覺呢！

五、找到並練習正確的表達模式：連說法、態度和眼神都有正確的共識與體諒。

老師可以引導討論並彙總同學想出的改善做法，並徵求修正，最後確認出正確模式。例如，老師問其他學生：

「同學們覺得，如果你是當事人，你會怎麼表達？」

「大家認為，還有什麼表達方式更容易讓人接受？」

「大家踴躍提出的這幾種表達方法，我們來看看哪一種說法能得到最多人支持？」

「還能怎樣修改才能將意思表達得更清楚？而且讓人更容易接受。」

「今天我們共同決定最佳的表達方式，我們要一起來練習看看，確保日後大家都不會犯錯。」

確認正確模式之後，多模擬練習幾次。也可以兩兩練習，相互糾正。也可以小組練習。練習模式多點變化，練習的效能和趣味必能提升。

六、改錯最需要練習與校準：「表達」不是天生就會，習慣需要多次練習。

為了不煩死學生，課堂上的模擬練習次數很有限。所以得等日後一段時間，掌握孩子真實生活的應對進退後，才能落實改善的成效。但請千萬不要在短期間內用力在太多事情上，一次只列管或練習一、二則就好了！貪多反而不美！

大人想要樣樣都做好，就會一樣都做不好！允許學生有時「不夠美好」，學生才能有持續調整的勇氣。一次只做一件

事，「態度養成與缺失改善」，都不可能是一改就對的。

專欄

「班級經營」中處理「事」的通則

▶處理衝突的六個流程和二項持續關照

一、等待機會與準備好情緒：隨時有準備，創造負面事件的正面效果。

二、找機會邀請全員參加：有幫手好做事，還能凝聚共識，形成同儕正向壓力。

三、先打地基，有「暖身活動」能避免傷害：一定要深信學生有犯錯的權利和學習的義務。

四、多面向去澄清是非與價值：客觀的從每個面向，從當事人與第三者口中論定是非。

五、找到「解決問題」的正確表達模式：凝聚一套正確的說法、互動態度，甚至是眼神。

六、友善的多次練習與相互校準：「表達」不是天生就會，「習慣」更需要多次練習。

關照一、一段較長時間的關注：堅持在一定期間內、持續觀察這個調整過的好習慣，直到真正養成。

關照二、全程都要容許每個孩子有「不夠美好」的不同或甚至不合格的表現，這樣孩子就有機會愈來愈好。

第三章 和孩子交心吧！

　　班級經營有千百種面向，有千百項瑣事，有千百種困難。但歸結說來不過就是建立人與人的關係，和處理各種常態和非常態的問題，也就人與事的兩件工作而已。簡言之，就是做到和孩子交心罷了！所以我們試著記錄這幾則真實的案例，期待可以從中找出可用的班級經營要領，畢竟真實的案例常常可見能遷移運用的好點子。

家庭訪問很必要：多一個角度看孩子很必要

　　開學第五天，阿凱會唱小星星⋯⋯⋯⋯○○國中葉老師

　　每個人都不只有一個樣子，有在家的、有在學校的、有在朋友間的各種不同面貌。只看一個面貌，很容易會錯過真正的他。

　　剛帶完一屆畢業，新的班級就要來了。新生編班及導師抽籤都公平作業，可巧的是，今年校長的女兒也要上國一。同事們都好奇的八卦，猜測校長會不會暗中「作業」讓她的女兒可以去哪個班。依一般人的想法，如果可以「挑」，想將小孩放在我的班上並不意外。但我並不是個聽話的老師，在行政人員心中，我並不好搞定。因此，校長也有可能不會選擇我。

　　抽籤是由老師抽選班級，我選擇親自抽籤，所以校長

如果有需求，勢必要先讓我知道。但直到抽籤前一天都沒有消息，所以「確定」不是我了。聽說另一位優秀的同事不親自抽籤，大家都猜想：「就是他了吧！」

抽籤當天，許多人去打聽校長女兒在哪一班？是7班。我開玩笑地說：「籤王就是7班，只要不要抽7班就好了。」不料一旁的同事說：「7班真的是籤王，但不是因為校長女兒在7班，而是有一位狀況嚴重的資源班孩子就在7班。加上暑假新生輔導課，大家就領教過的兩兄弟之一也在7班，這孩子品性較特殊。7班還真是籤王！」

輪到我抽籤，這一刻來了，我攪拌了很久，抽起——斗大的數字正是7！一旁協助作業的老師都笑了，這是老天的安排？

校長為了避嫌並未到場主持抽籤，家長會會長看我抽到7班，倒是開心的笑了。我不去想校長女兒的事，我想的是那自閉症孩子。從來沒有接觸過自閉症的孩子，還是中度自閉，要怎麼協助？這是大考驗呢！

隔天是返校日。一早，八十多歲的阿嬤帶著阿凱到校，訓導處老師遠遠就叫住我，告訴我這位就是那孩子。他身形瘦小，不理會我，當然也不會和我打招呼，更不看我一眼。我帶他和阿嬤一起進了教室。

為了進一步了解孩子的狀況，我和資源班老師一同去家訪。到了阿凱家裡，阿嬤說他在打電腦。阿凱有一個姐姐和一位國中剛畢業的哥哥，他八歲才學講話，兩歲時媽媽離開他，爸爸吸毒，很少照顧他，他是由阿嬤帶大的。

家訪過程中，確認阿凱是可以坐下來的，只是會不時晃動身體，並發出怪聲音，這情景我很陌生，十多年的教學生涯，我完全不瞭解這樣的孩子。

半個多小時的家訪過程，我最少先確定：1. 他認得我；2. 可以聽懂簡單指令；3. 我學會先叫他的名字、再用簡短的指令與他溝通。我幾乎有八成的把握知道如何和他溝通了！

新生訓練的行程繁瑣，訓導處示意讓他在家，避免導師分身乏術。所以開學第一天，阿凱才第二次到校。我已先告訴全班同學，請大家一同協助阿凱，並期望班上有孩子能學習照顧他，沒想到最熱心、願意照顧阿凱的，就是那兩位兄弟的弟弟。他自己也是單親，媽媽也不在身邊，父親也染毒，不同的是他是由伯公帶大的。每天放學後，失業的伯公一定親自帶著兄弟在操場上跑步。這孩子其實看來不壞，眼力好，很會察言觀色。返校的兩個小時，我就取得他的信任，也因為我的信任，他一看到阿凱到校，就表明樂意照顧他。

家訪很重要，幸好我在開學前就搞清楚如何與阿凱溝通。班上孩子也需要學習和他溝通，弟弟最快學會我的口氣：先叫他的名字，慢慢的用簡短字眼說話，並要求清楚的回答。因此，阿凱很快的也信任弟弟了。

幫手很必要：大人先準備好，好幫手自然會出現

要放手讓孩子做自己該做的事，即使像阿凱這樣的孩子也不例外。他雖然需要協助，但他也必須自己學會很多

事。他字寫得好，頭腦清楚，我要他自己在聯絡簿上寫課表。一定要讓他同步學習，不必有例外。

我讓他練習擦黑板，教他要洗手；數學課會先告訴他進度，他也都能清楚快速寫出答案。我公開鼓勵他，並要同學們給掌聲，他完全沒有被冷落的感覺。

為了加強同學們與他的互動，我幫每個孩子準備了大名牌立在桌上，並告訴大家：「前五個能讓阿凱記住名字的同學，可以得到獎品。」放學前，同學們很開心的拿了一張Ａ４紙來，上面都是阿凱的筆跡，寫滿同學們的名字，連老師那麼難寫的名字都寫出來了。

課堂上，阿凱會不自主的發出聲音，大家會笑，我問阿凱：「是不是在唱歌？」他沒理我，我說：「同學們教阿凱唱小星星吧！」我哼了起來……他還是沒理我。

開學之初，新生要交很多資料，但是，阿凱不容易知道自己該交什麼資料，八十多歲的阿嬤也不識字，幸好國中剛畢業的哥哥可以幫忙。為了順利讓阿凱步上學習軌道，我每天都打電話給哥哥，說明該交代的事項。結束通話前，我一定堅持和阿凱講話，我常問他：「阿凱，知道我是誰嗎？」一開始他淨講一些我聽不懂的話，要他大聲講清楚，他就能較清楚表達了！「老師要掛電話了，說：『老師再見』！」話筒的另一端就會傳來：「老師再見。」

有時我也傳簡訊給哥哥，鼓勵哥哥。聯絡簿上我要阿凱謝謝哥哥。

第五天，阿凱又出怪聲。我在他旁邊坐下，說：「阿凱，來唱小星星好不好？」他說：「好。」我起頭慢慢

唱：「一閃一閃亮晶晶……」他也清楚的唱了起來，旋律正確。沒錯，一位中度自閉症的孩子唱小星星給我聽。再傳簡訊給哥哥，要求他多和阿凱互動，也可以一起唱歌。

第 12 天，阿凱應該進步很多，看到他的進步，我對自己也更有信心了。

給幫手好方法很必要：人都要先學好才能做好

考試前的自習課下課了，老師們紛紛回到了辦公室，彼此抱怨著：

「最後兩科了，學生都沒在唸書。」

「自習課真痛苦，沒人唸書，也沒人理你。」

「真不知道現在孩子在想什麼，考不考試都沒兩樣，簡直玩瘋了。」

奇怪！我剛剛結束一節很棒的自習課，孩子並不糟呀！

段考第二天的第五節也是自習課，第六、七節連兩節課是歷史、公民的考試。歷史老師認為這個班是他任課班級中最差的一班，但這個班卻是我帶過的新生班中最優的一班呀！怪哉！我要帶著班上孩子改變歷史老師的認定，所以先教會孩子用解構方式閱讀，並學會劃記重點與自行複習。

孩子們要「安靜」看書不容易，因為只要一無聊、分心，就會東張西望。於是我們改採共讀的方式，孩子自行找夥伴一起唸書，可以一起討論，果然這很「吵」的自習課開始發生效用。有孩子問：「老師，阿凱怎麼辦？」

細心的孩子總會幫我想到阿凱，我問：「有沒有人能教阿凱？告訴他讀哪裡？考哪裡？」這時小君自告奮勇了。

我找來小君，簡單的告訴她可以怎樣教阿凱，也和她簡單的確認阿凱該會的重點，小君立刻開始教阿凱歷史。

不一會兒，全班都被這段問話吸引了，我也注意到這段對話，我仔細的觀察著小君與阿凱。

小君問：「○○○，那個是什麼族？」阿凱沒回答。

小君：「很美麗的那個阿什麼族？」

阿凱：「阿美族。」

小君：「好棒！」

小君：「○○○，那個是什麼族？卑什麼族？」

阿凱：「卑南族。」

阿凱聲音不很清楚，但大家都知道他正認真學歷史，小君也很有耐心。我順勢鼓勵大家：「阿凱都這麼賣力了，大家一起努力吧！」此時弟弟說話了：「阿凱又不笨。」我說：「是啊！就用我平常教你們的解構方式來分段唸書吧！」大家開心的「共讀」，準備下一節課的考試。

這是一堂很吵的自習課，但卻有著很成功的班級讀書氣氛。段考結束，歷史老師驚訝的說：「這個班的段考沒考差，全班平均應該是全年級的前二名吧！」

教室不一定要鴉雀無聲，學生也不一定要正襟危坐；
分組也不一定要四平八穩，隨興、隨意、機動也無不可。
關鍵在於分組時，老師和學生一起做成了什麼事！

大人善意傾聽很必要：先同理傾聽再伺機澄清

　　九月五日晚上，打電話給弟弟的伯公，想說服伯公讓他參加第八節課輔，課堂上弟弟很認真，完全不像傳說中的「壞學生」。數學課上，我看到他專注的眼神，感受到他的學習熱度。未料，電話另一頭，伯公火氣很大的說起弟弟因看了三年級學長一眼而被嗆聲的事，伯公不放心讓孫子再到學校上課。

　　弟弟有個哥哥在隔壁班，兩人相似度相當高，很難分辨得出來，哥哥有較明顯的偏差行為，伯公自己應該也清楚。三年級生的嗆聲應該事出有因，或許正是哥哥結下的樑子，對方只是找錯對象而已。

　　伯公完全不聽任何解釋，只是大聲抱怨：「學校就是爛，放學後我帶著兩個孩子在運動場跑步，幾個畢業生回來打球，又是抽菸，又是亂丟垃圾……他們打球，我孫子不小心撞了他們一下，他們就對我孫子兇。」

　　我安靜讓他一口氣爽快的罵完，應允隔天會請訓導處處理，並說明這個禮拜來我對弟弟下的功夫。雖然只有一個禮拜的時間，我相信現在的他一定比國小好很多。聽我這麼說，伯公總算表示他了解我的用心，他說：「老師妳是菩薩心腸的好老師，如果每個老師都像妳這樣就好了。」說完，他仍繼續罵學校……

　　隔天到校，訓導主任、生教組組長及我三人先討論如何處理，我們邀請雙方相關人馬一起來協同處理，我堅持兄弟兩人都要到場。第七節課，三年級導師並未出席，

導師只有我在現場，第一位主角，三年級的張○○，頭上揚、斜眼、甩肩、外八腳步，一副老大的樣子晃進辦公室。我心裡想：「第一印象很重要，我一定要先表示誠意。」

我問：「你是張○○？」

張○○表情很臭的說：「是。」

我主動握手自我介紹，察覺到他愣了一小下：「我是弟弟的導師。」接著說：「你長得很帥呀！但你現在的臉部表情很僵硬，今天也不是要找你麻煩，是不是先給大家兩分鐘時間，我希望你先軟化一下臉部表情，用你最帥、最溫和的表情與態度來說話好嗎？」

通常這種被叫來訓導處的孩子幾乎認定是來被罵的，都會自我防備的擺出臭態度，因此先釋出善意很重要。

這招果然有效，他笑了。此時，另一位學長涂○○也進來了。老實說，涂○○的樣子還挺嚇人的，邊聽他的不滿，邊細心弄清楚他的底細。不出所料，糾紛的主因果然是「哥哥」。這哥哥寫情書給涂○○的妹妹，用了不禮貌的語詞，他想替妹妹討公道。

了解涂○○的氣憤後，我倒是很能同理他，也清楚讓哥哥知道自己的錯。要他先道歉，張、涂也都接受了。同時，也要張、涂向被誤會的弟弟道歉。花了一節課處理了雙方事件，只要老師能善意傾聽，孩子大都還是能明白道理的。

持續關心很必要：改變不會一次就完工

　　三天後第一節才下課，走廊傳來對著一年級教室的嘶吼嗆聲。我心想：看來是我班上。一邊通知訓導處，一邊動身出去查看，我還沒走到教室，就在走廊上遇到弟弟，果然又是他被嗆了。可這次他記得老師說過，也練習過：「有事情，不能自己做回應，先來找老師。」所以他在第一時間就來找我。他說：「我在走廊上走，就只是眼睛看到他們而已。」

　　進訓導處之前，我請他一定要有好表情，先試著笑笑看吧！我這要求本身就好笑，他想不笑都難。

　　進去時，學長呂○○已經在那裡。我問：「為何要向弟弟嗆聲？」呂說了三天前的同一事件，只是那天他沒到校，這樣的事也需要「補課」，唉！

　　才坐定，涂也進來，這次，他是笑著進來的，他以過來人的身分分享。這回涂是我的好幫手，我同樣的軟化呂的表情。呂說外面的朋友紅豬告訴他：「這兩兄弟在學校如果不乖，就賞他兩巴掌！」我堅定但不是訓斥的告訴他：「這位紅豬的口氣聽起來很狂，但是你知道，只要是打人就都是不對的。」對話過程中涂很用力的「肯定」我是很「上道」的老師。

　　隔天晚上，學校的親職座談會結束，我開車出校門，看到涂就走在前面，我搖下車窗喊了：「涂……」他笑著說：「老師再見！」

看到小徵兆很必要：大衝突都有很多小遠因

　　初秋，校園透著些許涼意，早自習時，全班安靜寫著國文小考試卷。這工作意義不大但又不能不寫，考少了，有些家長還會到學校發飆呢！突然，位子上的小芬毫無徵兆的哭起來，哭聲打破寧靜也嚇到同學。

　　老師將小芬帶離教室，但她堅持要一位同學陪伴。到了諮商室也堅持只要同學幫忙不讓老師在場。老師只能在諮商室外面等待。小芬在裡面還是歇斯底里的大喊：「叫他離開我們班，為什麼他要來唸我們班！」

　　原來小芬是國文小老師，常要催交作業，哥哥作業經常沒交，小芬催交，哥哥就回嗆，言語暴力經常發生。三週前，小芬要搬桌子，哥哥剛巧在走道上，小芬說「借過」，哥哥卻故意撞過來推開小芬和桌子說：「閃啦！」他也會在班上說：「哈哈！小芬的媽媽是阿陸仔。」長期累積這些煩心的事，讓小芬很不舒服。

多給一些時間和空間很必要：時間有時是好方子

　　上課了，老師走進教室，因為出事了，班上的氣氛出奇的安分。老師平和的說：「小芬長期承受來自哥哥的壓力而情緒崩潰，上次副班長和今天小芬的崩潰都來自同樣的壓力。這學期哥哥轉班之前已和家長協調過，他絕不能造成班上其他同學的壓力。因此，老師今天必須處理他。」

　　老師發給同學一人一張紙，請大家摺成四等分，分別

寫下這對兄弟的優、缺點。用寫的較能平衡考量，較能冷靜想想他們的優、缺點。

　　大家努力寫著，老師私下先與小芬談過了，再告訴同學：「老師當然可以今天立刻處理哥哥，讓他依最初的約定離開我們班，但改天大家情緒平復後，會不會因此感到一絲絲愧疚？所以我們延緩幾天再下最後決定。」副班長倒是頻頻點頭，不久前他才恨不得哥哥立刻從眼前消失，但現在這種感覺淡多了。小芬接受這樣的處理方式，她也了解兩兄弟家庭狀況，或許老師多給一些機會可以幫這兩個孩子一點忙，得到她的協助與認同並不難。

　　第八節把哥哥找過來，請他坐下，每一回有這樣的待遇，他都坐立不安。我告訴他：「老師真的很想幫你。早上的衝突，沒有立刻找你，是希望同學們能多看到你的優點，但是習慣性對別人嗆聲一定要改變。沒有人需要不斷包容你。」正說著，教務處同事端來研習會的四塊小蛋糕。老師夾起其中一塊，將另外三塊推給哥哥，要他先吃蛋糕：「吃過這麼小的蛋糕嗎？」他搖頭。「有機會老師再買這種小蛋糕給你吃好不好？」他再點頭。再問：「這麼好吃的蛋糕要不要留一塊給弟弟？」他點頭。我再問：「等一下伯公來接你，要不要也留一塊給伯公。」他也點頭。所以，他先將剩下兩塊打包留給伯公和弟弟，再小心翼翼地拿起叉子一小口一小口的吃著最小的那一塊。看他吃蛋糕的模樣，和平日嗆人的火爆全然不同。

　　結束特別的一天，總算下班，回家路上想著哥哥吃蛋糕的一幕，心想：這孩子的今天到底是誰的錯？

第四章　讓老師和孩子都綻放發亮的眼神

　　這幾則是和兩位老師互動的 Email，透過 Email 和研習因緣，進了這兩位老師任教的班級一同教學。這幾段對話呈現老師們從解構教學所得到的收穫，和她們用心、用生命經營孩子、經營班級的感動。教學事實上也可以這麼幸福！

對孩子好，對嗎？帶班不要投入真感情，對嗎？

　　文虎老師：

　　今早班上孩子們傷了我的心，我難過到課都上不下去，躲到一個角落偷偷掉淚。就如同事們常常笑話：「帶班，不能用情太深呀！」這真是個大缺點？

　　兩個月前不聽話的阿賢，直接用不文雅的字眼嗆老師；上週五，小振和小柄因為心情不佳，不僅叫不動，甚至都蹺了課，開溜前還翻倒我在教室裡的桌椅。

　　這些事雖然也都處理了，孩子也認錯，我當然也原諒他們。但是昨天段考成績揭曉，國文老師當堂開打：國字、注音、解釋，凡錯一題都得打一下。被打哭的女同學下樓找我。當下我真激動，我不能贊成體罰，又必須壓抑自己的怒氣。可是當面對第二個女同學的求助眼神、第三

位女同學用寫信表達她的害怕時，我想：我不能什麼事都不做呀！

但我還是怕，怕莽撞會壞事，所以隱忍著沒立刻去找國文老師溝通，我先試探其他孩子的想法，奇特的發現除了少數女生外，大部分孩子竟然都很能接受體罰，甚至還感謝打人的老師呢！多數男同學都認為，老師打人是為了大家好，有打下次才會更好！這個班原來的導師就是以威權出名，老師和學生都認為這樣才會有效。教育出了什麼問題？我糊塗了。

我先請教同事，再和校長討論，設法阻止國文老師繼續打人，但成效不彰。這期間，有一天上課中，我要一位不用心聽課的孩子站在桌旁聽課，他卻拿課本遮住臉。要他把課本拿下來，他堅持不拿。我的情緒還是冒了上來：「再不拿下來，我可要揍人了！」看來我也會恐嚇學生呀！

沒想到，這平日很乖的孩子竟然冒出：「來啊！」這一聲「來啊！」著實嚇到我了！教室氣氛頓時緊繃起來。我腦中跑馬燈似的想：「上週孩子翻我的桌椅；我平日這麼用心對待孩子，還努力設法和國文老師溝通要保護他們，這真心換得的是什麼情呀！」

對孩子好，他們沒感覺；打他們，他們卻認同而且感謝！正向管教對嗎？帶班不要投入真感情，對嗎？我得趕快想通，然後用最快的方法再站起來！

CF 老師

善待自己，管教孩子的情緒別帶出校門

CF 老師：

「人性本善」，是歷經多少世紀都還有爭議的話題！
所以，除非妳已練就金剛不壞之身，否則一定要明白，就
算再親近的人，也可能給妳帶來一身傷痕。師生相處更需
要善巧應對，這善巧不叫工於心計，而是一直以來都被疏
忽的「教育專業」呀！

容易得到時不覺得好，總在身邊的不覺得珍貴。日日
相處，就算繁花似錦也總視而不見，師生、親子的感情就
總是這般似濃還淡，自來一直如此。想想不都是要到「親
不待」的最後關頭，才能顯現出「子欲養」的濃烈深情
嘛！師生情懷雖然要好上一些，但相去其實也不遠！

更有趣的是古人說的「廟興外庄，近廟欺神」。導師
和科任老師有遠近，本校老師和外校名師的價值差異也有
不同。這只是人性而已，請先寬心。

國中生本質上都還是個孩子，雖然他們老是努力的想
裝出一副小大人的模樣。請在當兇時對孩子們兇，這無關
體罰或正向管教與否。但是在擺出兇態之前，一定要確認
有把握「收尾」才能兇。否則一旦騎虎難下，日後管教就
難了！另外，也請勿在大庭廣眾下對單一個孩子（或特殊
的孩子）兇，事實上就算一群孩子也要小心，因為「難以
善了」的風險太高了。全班一起責罰，引發反彈的風險最
低，卻也最無成效，本就不可取。

教室中沒有誰真能吃定誰！「牛善被人騎，人善被人

欺」這又是另一句直指人性的古人言，孩子和大人一樣都會利用對方的良善可欺。所以佛家雖多的是慈眉菩薩，卻也標榜了怒目金剛。教學經營也通常都得這般「恩威並濟」、相輔相成，好事也才會有好結果。

■ 學會馬上收拾情緒，老師是需要偶爾兇一下的

老師是可以偶爾兇一下的。只是兇完之後，要學會馬上收拾情緒。盡快進入引導與矯正的正確作法，或示範「正確的下一步」。這「下一步」的焦點轉換恰好能收斂雙方緊繃的情緒，這是收拾善後的一種方法。事實上，每個孩子錯誤行為的背後，不只可能有誤解，也可能都是很長時間的環境誘引或大人誤導，有時還有因種種原因而來的超強自尊心呢！特別是站立在眾人面前時的自尊心，更迫使他們不願意將「我會改正」、「我會聽你的」這些正向意思掛在臉上。

很多老師常常以「株連九族」的全班罵來處理問題，這「一起兇一下」，反而拉齊每個現場孩子的地位，對真正的「問題分子」效果不大，大約也只有拉整在場孩子的專注和情緒罷了！但將情緒拉整後，不再有不平情緒攪亂，才能「正正式式」的談事情。其實這也是一種暖場工作，真正的「問題分子」得在這樣的暖場後另行處理，不論是規過在暗室或是公堂，風險都會少一些吧！

■ 孩子總是會再犯？

想想這些孩子從小開始長期「被要求、被馴化」的高壓管教，這麼多年後要他們馬上轉向自主談何容易？林肯

那個年代，生活在水深火熱的黑人，解放後尚且懷念奴
隸的生活呢！三日之艾的確難治十年之病，所以當孩子每
一回改過，能持續一天有效就勉強滿意吧！如果能三天不
再犯就該稱讚了；孩子能撐過一週不再犯，恐怕都要大方
的打上滿分了。孩子嘛！總是會再犯，至少得七、八次改
過，說不定得十來次才能真的「定型」呢！

　　要孩子改過，得先消弭老叫他一路往壞處去的情境壓
力。先要弄清楚他搗亂的都是哪些課？哪些時段？找到哪
些助因？想想孩子如果身在一堂完全聽不懂的課、有一段
無所事事的長時間，要求他立即改善，恐怕是緣木求魚！
要孩子改過，肯定也要在老師的課堂本事下功夫。

■ 管教孩子時切勿讓所有情緒都貼進去

　　談管教，請先更深層的看顧真正的自己和真正的孩子
們。任何一件小事都不能不以為意，但也不能事事都在
意。大人眼中的小事，可能是孩子心裡的大事呢！所以，
凡事看在心理，但不要凡事掛在臉上。管教孩子時切勿讓
所有情緒都貼了進去，就連「愛」的表達也要適度即可。
不要忘了站在老師眼前的，可絕對不僅僅一個孩子，對一
個「太愛」了，其他的人就可能發出不平之鳴了！

　　最後請一定善待自己，管教孩子的情緒千萬別帶出校
門。走出校門就讓自己的心情下班吧！一切等明天再說
了。孩子和老師一樣都該有自己的校外生活要過呢！

文虎

純聊天有大作用：一位老師媽媽的純聊天經驗

　　每天，我接大兒子放學，也會一同接回一位小女生，她住鄰家，是孩子的同班同學。小女生每天一上車就將頭撇向窗外，直到抵達家門都沒轉回來。我和兒子都不喜歡這女生的態度，但「不接她了」這話也都不好意思說出口。這幾近荒謬的戲碼就這樣每天上演。

　　在學校多年，也看多了孩子和大人的各種樣態。兒子上國中前，我就難免擔心他的品德教育，不只因為能帶出好品德的老師如鳳毛麟角，更擔心國中生活要比國小複雜太多了。

　　幸好，兒子的國中生活證明我想太多了！每天兒子和小女生一上車，我總會習慣性的先分享我和自己班上孩子發生的趣事，兒子一直都聽得很開心。至於面無表情的小女生我就猜不透了。今天我講了一個常闖禍的孩子的故事，故事太長，一直到家門前都沒說完。我心想：「都到家了，這小女孩怎麼還不下車？」我只好繼續將故事講完，小女生才微笑下車。鄰居也疑惑的看著這幕人都到家了還不下車的場景！

　　後來我才知道，這小女生對我這「媽媽老師」和學生相處的模式很好奇呢！雖然不動聲色，她每天都準備收聽我的分享。每次分享後，我會刻意留一些問題與兒子問答，兒子難免在對談中融入他的情緒，說著說著，兒子也漸漸學著以不同的角度去關懷、去看待事情。

■ 林老師的回應

親子聊天，就算帶著問題、有特定目的，也要容許不同答案的出現。但最好的還是純聊天，這是親子間最簡單卻很有效能的溝通模式。其實師生之間也如此。大人與小孩間多一條不「功利」的連結線，關係會更牢靠呢！

家長太喜歡談功課、談成績，總是哪壺不開提哪壺般的惹人討厭。其實，成績這話題根本不必大人開口，孩子若有很好的成績，總會想積極尋求讚美，他自然會主動說出來。通常只要孩子不想提，大約都不會是好的話題，成績就更是這樣了。窮追不捨的父母當然惹人討厭。

聊天就純聊天吧！只要不把焦點放在功課上都是好的（不好的成績單最不能談）。假如一時之間找不到話題，就從先談大人自己一天中碰到或聽到的「趣事」開始吧！談談父母酸甜苦辣的工作都無妨，只要不是「例行的抱怨」，大約都算得上有趣。

經常有瑣事聊，大事才說得上話。一旦大事臨頭，父母、老師才不會是最後一個知道的人。

第 5 篇

交流與回饋

　　想要讓教學和學習離開口號，回歸到每一堂課，是扎實的功夫，也是需要時間、心力的歷程。畢竟回到課堂，每一個細節、每一個細節的做，根本不是喊口號可以比擬，自然也會有相應來的問題與反思。

　　這裡收錄了幾位翻轉教學的老師與我的往來信件或是交流回饋，提供給每個老師或家長作為借鏡或參考。每一個孩子都是不同的，每一個班級也是。當孩子在學習的時候，作為教學者的我們，似乎也不能放鬆大意呢！

看到英文不行的同學，不再放空

林老師您好：

謝謝您對老師不斷的鼓勵。

這個星期我們採用老師所說的「螢光筆畫線」及多給學生思考的方式，加上我們自己的想法在課堂中施行。原本預期九年級學生會覺得很難的「關係子句」，放手讓學生自行推測句子的型態之後，學生居然都覺得很簡單、很容易，並且很快完成課本的練習題。甚至有一位平常都聽不懂我上課的女同學，當我詢問她會不會寫時，居然回我：「這麼簡單誰不會呀？」

看著她順利寫完句子，真有不可置信的驚訝！她真的完成了！

雖然班上仍有少數同學不見得真的認真投入整堂英文課，但是看到這幾位同學從過去的「擺爛」到今天願意勉強加入練習，我還是覺得開心。

我任教的八年級班，正好是一個班分組上課，另一個班沒有分組上課。這是很好的比較機會。分組學習的班，每個同學的參與度都比較高；沒有分組的同學，只有固定幾位同學願意分享或是發表。

雖然我還在摸索這個教學模式，但也看到學生、教師一體的學習氛圍正在發酵。今天上自己班的英文時，發現以前班上英文不行的同學，不再放空，而是熱起來參與課程。或許他的英文還沒有立即的顯著提升，但他至少願意參與了。有時就算可能只是代表自己的組別舉個手、猜個

拳，或寫個筆記，但對老師而言，這都是一種激勵！很感動班上某些同學的改變。

就像老師常說的：有時讓班上同學上台教同學，效果會比老師教的效果好！我也嘗試讓自己從主講人角色，退位成輔助者角色，讓同學上台教同學。當他們準備教材時，我再從旁協助。我發現同學更喜歡同儕的教學，也更願意聽講。

這種方式，我也還在摸索，還沒能處理得很好，秩序是吵了一些，但同學都很 high！

這是我近期上課的分享，謝謝老師，我還有很多需要學習及進步，有問題，再請老師協助指導。

○○國中○○敬上

我試著進行教材解構與分組討論的教學

林老師：

前兩天我巡堂時，剛好見到上次與您協同的國文科○○老師正在跟小朋友說起那篇「生之歌」。老師跟孩子們說要用您的方式上課，問孩子喜不喜歡。

老師說：「那是教授教我的方法，所以我要練習，你們陪我練習好嗎？」

孩子們說：「那教授是誰啊？我覺得還不錯乀！」

老師說：「那是老師的老師。」

孩子們說：「我覺得他上得很好，我還滿喜歡的。」

老師說：「所以我們要用老師教的方式上課，一起練習一下喔！」

我不想讓老師注意到我在偷聽他們的對話，怕她是為了迎合我而進行教材解構與分組討論的教學，希望他們都是發自真心的進行活化教學。但聽到這一段對話實在覺得很有趣，老師您應該也覺得開心吧！

〇〇校長

以為自己教學沒問題，卻正該改變

林老師好：

今天真是累翻了！早上約談了兩位老師，一位是國文老師，上次您與她一起上過作文的協同教學，今天我想先聽聽她對協同教學的想法和心得。她說，她發現自己有很大的改變，她在孩子身上也學到很多，也有很驚奇的發現。她真的看到孩子比以前更願意學習，連自己都覺得很高興。

我打鐵趁熱告訴她：我想再邀請您來指導的事情。她竟然告訴我，自從我們把協同教學的觀念帶給她之後，她自己也實際進行了幾次教學，真的發現效果不一樣。她也與我分享，她做了兩次作文的協同分組，覺得效果很不錯，國文課的部分也進行了幾次。過去她一直認為自己的教學沒什麼問題，但現在卻發現一定要改變才行。她還認為這件事也解構了老師自己的本位主義呢！

最後她說，一開始她不能接受您給她的建議和教學方

法，但現在不會了。因為她自己做了才有這些體悟，她也
很樂意下一回您再來時，拿出她曾經進行過的教案和您討
論，希望您也給她一些建議和指導。

○○校長

改變，讓教室內的學生不再東倒西歪

答覆○○校長：

很高興看了那一日的數學觀課，雖然來去匆匆，又沒有
太多的先期對話，但這一堂數學課，老師進行得很成功。

其實任何老習慣的改變都很不容易，也沒有任何一項
改變可以一步到位──尤其是教學這種超越技術層次的藝
術工作。

長年以來，我們的師培與在職成長都很少實際進入課
堂操作，很少真正用孩子的學習成效來檢核或改進教學效
能。所以，老師們今天所進行的改變，雖然表面上看來改
變不大，深層裡卻是真正高難度的變革。

那天數學課，雖然還是有幾位同學沒能完全進入教學
的氛圍，但相信大家都看到了，至少整個教室中沒有置身
事外的「學習客人」。用了新方法的任課老師確實掌控了
課堂上的學習節奏，孩子也幾乎都有了練習機會，這不容
易！過去他們的學習，大抵都只是抄來的學問吧！

再給一點時間！慢慢的，那些中後段的孩子會發現原
來自己也可以學習，然後，我們終於能慢慢找回所有孩
子，也就能找回台灣的未來。

老師們只要辛苦一年，讓自己重新熟習一下教材與教學的新方式，相信教學就會變得更加輕鬆，更有成就感！

　　至於國文課，因為課文較長，且只有一節課，我沒完全演示完畢。第一次接觸的班級，學生程度也有待了解，加上時間短，來不及更精緻的進行到讓學生熟練的步驟。下回如果再有機會，請一次安排兩節國文課，我會上完全部流程。

　　不過，這堂課我看到的孩子還是和一年前印象中的學校學生有極大的不同。加上走過幾個教室外面，我看到有些班級也分組授課，教室內的學生不再東倒西歪，真是個好的起步！

　　後來的專業對話，老師們的提問更精采。看得出來每個問題真的都是從教學現場歷練出來的，老師們下過工夫，我當然不可能視而不見。下回我會在教學流程中，伺機演示出這些問題可能的解決策略。

　　希望能對老師們有一些些助益，或激發大家找到自己更好的作法，請轉達我對老師們的致意。

　　此刻，大家進行的是一項前無古人的教學改變——至少在本地區是如此，到目前為止整個方向和進度都很理想。

　　請加油了！

文虎

教師學會提問，讓學生自己想出答案來

林老師：

荀子性惡：「凡論者，貴其有辨合，有符驗。故坐而言之，起而可設，張而可施行。」

大學時修讀鮑國順老師的荀子課。老師一再強調：荀子是講「性惡」，不是「性本惡」。不努力就能獲得就是「動物性」，而「善」是後天學習和努力而得來的，看得出荀子是經驗論者。因此，荀子非常重視教育，以教育的方法將人性導引到至善的境界。

上星期學校邀請林老師到校演講，不僅對家長和九年級學生談論學習方法，更對全校教師做教學實際演練，如何解構課文、解構題幹，將原本口沫橫飛的上課方式，變成領導誘發，讓學生主動學習。林老師已有很多成功的案例，今年他願意把種子播在這個小島上，我很幸運的在新的班級未形塑以前有這個因緣學習這個魔法，老天待我不薄啊！

這個魔法有個關鍵點：由學生去帶學生。當人要教導別人以前，自己一定要先學會。因此，讓學生分組學習，教師學會製作題目，利用拋磚引玉法，讓學生自己想出答案來。

雖然以往我自認為是會「出」題目的人，但往往淪於自問自答。上課時自己講得很認真，學生卻意興闌珊。課堂上用心思講解的課文，他們一律不留痕跡，到月考前仍是死背國字、注音、解釋。考完試後講解試卷題目，最常重複的一句話就是：「我在上課有說過……」

我在上課說過很多重點，可是學生放在心上的卻很少。挫折感很大，想想也許百年才能遇到一位認真上課的學生吧！可是我活不過一百年呀！如果繼續這樣教下去，我的教師生涯恐怕撐不到退休就要吹熄燈號了。

　　幸好老天爺將林老師送到小島來，我彷彿看到黑夜中的燈塔，指引我調轉方向舵，朝他而去。我刻不容緩的立即編組教學。非常幸運的是，今年我帶新生班。學生剛從小學來，尚處於摸索階段，習性未凝固，給他們什麼，他們就認為國中就是這樣子。所謂「天時地利人和」，我想我已經握住優勢了。

　　不可否認，第一堂解構課我如同上前線的新兵，戰戰兢兢的！萬事起頭難，若一開始無法順利帶領，恐怕學生也會不知所措。第一課是〈雅量〉，我幾乎使出數年的功力，憑著對教材的熟悉與本身的活潑來說學逗唱，十八般武藝，無一不用。學生的反應出乎意料之外的熱絡，其靈敏、正確、合作，莫不令人擊節讚賞，感謝蒼天！

　　一節課後，嘗到無比甜蜜的回饋。我相信林老師的教法是十二年國教活化教育的一帖良藥，良藥不一定苦口，用對方法、用對工具，問題即可迎刃而解。

　　為了辨析自己看不到的盲點，我主動邀請校長來觀看我的教學。校長也邀請教務主任和另一位也想嘗試活化教學的國文老師一起來。上課時，我雖略微緊張，並刻意不往後面看，但整體流程還算毫無凝滯。但課後檢討時，主任還是指出許多我忽略的地方。他山之石可以攻錯，以往的教學都是自編自導、自演自賞。今後，我要更有勇氣主

動請人觀課評論，那才是進步的關鍵點。

　　坐而言不如起而行，是眾人皆知的道理。不過能真正力行實踐的人不多，因此成功者更是難能可貴。身為教育者，應提供良好的學習方法，將學生導引為良木、為棟樑，那才不致負我的天賦使命。

○○老師

教材如果不夠完美，就「當成問題」來討論

　　回應○○老師：

　　我這一段期間又跑了馬祖、七美、宜蘭、花蓮，回訊慢了，抱歉！

　　〈雅量〉是一篇不易教好的課文，妳能教好它，佩服。〈雅量〉應該有不同的層次，是否能逐級論證才是功力。引述的例子、論據，也要能互相搭配才好。

　　課文中敘述的容忍接受，該是最初級，讚許與欣賞的層級應高上許多。課文中雖也提到第二層級，但在立論與論點聚焦上稍弱些。論點放在結尾，文首也不見破題，這些問題如能在教學中「當成問題」讓孩子分組來批判與改寫，將有引動學生思考能力的好機會。如此動腦筋的讀完這篇文章，孩子的論說文寫作力必能大增。

　　方便記錄一篇妳的課堂進行實錄嗎？不需要逐字稿，只要完整與易讀的摘要就好，甚至只要教材解構附帶提問設計寄給我也就可以了。好好的設計出三～五個提問，也算得上是一堂好的備課了。

我太需要像妳這樣能自我覺察的教學夥伴，孩子們也需要。真想快快再去學校，看看你們的課堂實作。

文虎

林老師：

　　謝謝老師的回信，明天上課我會錄影下來。請教老師：我有進度的問題，〈雅量〉我已上了六節課，包括一堂課文、字詞小考，小考由我口述，學生寫出來。學生已經寫好習作，但還沒有討論，我請小組長拿自己的習作來讓我訂正，再由小組長訂正其他組員的。時間上顯然耗費太多了！可以怎麼改善？

　　另外，讓學生自己表達很有趣，但我發現同學表達的時候，也有人跟旁邊的同學說話而沒在聽，我想他們也在適應階段吧！畢竟小學的老師都不是這樣上的。

　　我這班學生資質不錯，我真的很幸運，附上教學週記文字檔。

　　祝好

回應○○老師：

　　我在訊號欠佳的外地，回訊不便，先簡單答覆進度問題。

　　進度的問題其實簡單，請檢視孩子在進行到第四節課時是否就已經達標了。有時老師常因為自己的不放心，老習慣不能根除，老是反覆的教學生他們老早已經會了的素材，例如一定要教完翻譯，一定要教完所有語詞等。如果學生已經能深入文章意涵，也有自己的看法，還能寫得出

來，我們其實大可放心不必教太多「不需要教、或是會了也沒什麼大用處」的枝節吧！

文虎

一次拋出一個問題，體貼孩子的學習

回應〇〇老師：

你來信問了，可否給孩子解構資料。我認為可以給，但最好課後再給，比較不會左右學生開放性的思考。我們的孩子當「順民」多年，要他們不理會老師給的框架而自己思考，很難。至於電腦教具等教學輔助工具是否可以使用？我想如果隨手可得，當然應該使用。但如果要大費周章，有時還精疲力竭，建議免了。除了因老師的教學精力應該用在教學實務操作上外，也得考慮學生回家複習時能否有同樣的工具可用。

我提供一篇整理出來的課文解構以供參考。給學生的資料須考量學生的閱讀方便性，要想想給的資料會不會阻斷學生的思考、是不是能引發再多一次熟練的機會。

我認為提問和緊扣的解構文，不宜同時提供給學生。老師設計出的提問，應該一次拋出一個問題，藉提問引導學生作全文閱讀或段落閱讀，並加深學生思考的力度。問答之間，學生已不知不覺至少深究課文好幾回了，這比一次拋出所有的問題要有效多了。精緻的教學甚至連課文都最好能一大段、一大段的閱讀，因為眼前資料一多，孩子的眼睛和腦袋極可能同時昏花！我常說：「書桌上的混亂

和腦袋中的混亂，總成正比。」其實，眼前堆放了過多的教科書或教材，也是一樣。

另外，解構文中的枝節敘述，盡量以數字標示提點孩子。一則豐富的敘寫，常常會「有秩序」的寫出很多內容，如能以數字清楚整理，學生通常較能輕易記牢或背誦這段文章。這樣的「好本事」會帶給孩子極大的自信心和學習動力。

為了體貼孩子的學習，設計這些小細節也算是一種身教。每個行業、每項工作都需要體貼他所服務的對象呀！而體貼就是設想每一個小細節，魔鬼藏在細節裡，天使何嘗不也是如此！

文虎

●國家圖書館出版品預行編目資料

32分之32的奇蹟:班上的每個孩子都可以是資優生:林文虎老師的課堂奇蹟 /林文虎著
--初版. --臺北市 : 三采文化, 2013.8
　　面 ; 　公分. -- (親子共學堂 ; 20)

ISBN 978-986-229-959-3(平裝)

1.教學法 2.班級經營

521.4　　　　　　　　　　　　　102013806

Copyright © 2013 SUN COLOR CULTURE CO., LTD., TAIPEI

圖片說明　本書採用之圖片,為避免孩子的困擾,因此就臉部特徵作模糊處理。

suncolor
三采文化集團

親子共學堂 20

32分之32的奇蹟
班上的每個孩子都可以是資優生
林文虎老師的課堂奇蹟

作者	林文虎
責任編輯	杜雅婷
校對	渣渣
美術主編	藍秀婷
美術編輯	謝小工
封面設計	謝孃瑩

發行人	張輝明
總編輯	曾雅青
發行所	三采文化股份有限公司
地址	台北市內湖區瑞光路513巷33號8樓
傳訊	TEL:8797-1234　FAX:8797-1688
網址	www.suncolor.com.tw
郵政劃撥	帳號: 4319060
	戶名:三采文化股份有限公司
初版發行	2010年9月15日
5刷	2019年8月20日
定價	NT$320